KB268247

회화분석론

CONVERSATION ANALYSIS

대화분석 연구 총서 ❷

회화분석론

아르눌프 데퍼만(Arnulf Deppermann) 著

박용익 譯

도서출판 **역락**

Deppermann, Arnulf :
Gespräche analysieren/ Arnulf Deppermann
Opladen : Leske + Budrich, 2001
Qualitative Sozialforschung; Bd. 3)
ISBN 3-8100-3313-8

회화분석 연구는 지난 30년 동안 언어적 상호작용을 경험적으로 연구하는 데 매우 탁월한 방법론으로 발전해 왔다. 회화분석 연구가 비록 사회학에서 태동하기는 하였지만 회화분석 연구의 방법론적 절차 및 경험적 근거와 개념(예:'화자교체', '교정', '선호 조직'), 그리고 무엇보다도 일관되고 일체의 타협 없이 조작되지 않은 실제 대화를 연구의 중심에 놓는 연구 방식 등은 언어학, 심리학, 인류학, 교육학 등과 같은 여러 학문분야에도 매우 유용한 것으로 판명되었다.

그러나 유감스럽게도 회화분석 연구는 언어적 상호작용의 근본적인 특성에 관한 지식을 바탕으로 수행한 여러 연구에서 (대단히 성공적으로) 이용되었던 연구의 방법론을 상세하게 소개하는 일을 등한시하였다. 이 책에서는 회화분석 연구의 이론과 방법론을 상세하게 소개하고자 한다. 이 책은 대화에 근본적이고 특징적인 언어 자질과 연속체의 조직 그리고 상호작용적 기능에 관한 새로운 인식을 얻고자 하는 여러 학문 분야의 연구자를 위한 것이다. 이에 못지 않게 화자가 언어적 상호작용에서 구성하고 협상하는 사회적 가치와 사회적 관계 그리고 정체성의 설계도 흥미로운 연구 대상이다. 대화분석 연구자가 '내용 중심적' 연구, 다시 말해서 관계와 가치 그리고 정체성을 중심으로 연구에 몰두하면 할수록, 민족지학 등과 같은 여타의 자료를 이용하여 '순수하고' 고전적인 의미의 회화분석 연구를 더욱 더 보완해야 한다. 그러한 자료들은 대화참여자가 수행한 발화의 의미를 만족할 만큼 해석하기 위해서 필요한 문맥의 파악을 위해 요구되는 배경 지식을 제공해 준다. 이는 필요하다. 왜냐하면 그러한 문맥은 암시적으로만 언급되거나 전혀 언급되지 않는 경우가 자주 있기 때문이다. 또한 문맥에 관한 지식은 대화참여자들이 이미 서로 알고 있는 것으로 전제하기 때문이기도 하다. 그렇기 때문에 상호작용의 상대자들이 대화에서는 언어화되지 않는 그러한 지식의 발화 해석에서 참조할 것이 틀림없을 것이라는 가정도 하게된다.

고전적 의미의 회화분석 연구는 대화참여자들의 그러한 지식의 전제들을 고려하지 않는다. 그렇기 때문에 고전적 회화분석 연구는 해석에 필요한 지식을 분석자가 어떻게 얻을 수 있는가에 대한 질문을 제기하지 않는다. 이러한 관점에서 보면 이 입문서는 고전적 의미의 회화분석론의 틀을 넘어서는 것이다. 본 입문서는 연구하고자 하는 대화를 타당하게 이해하기 위해서 필요하고 필수적인 민족지학적 지식과 이론적 지식에 관해서 다룬다. 이러한 이유에서 상호작용적 사회 언어학과 담화 심리학 그리고 민족지학적 연구 전통의 연구 방식을 참조하였다.

여기에서 소개된 내용들이 모든 독자가 연구 진행 과정을 체계화하는데 유용하길 바란다. 또한 대화분석 연구자들이 자료의 특징들을 창조적이고 민감하게 추적하고 여러 많은 사례에서 유용한 것으로 증명된 지식과 전략을 이용할 수 있도록 용기를 줄 수 있으면 하는 바램이다. 본 입문서가 한국어로 소개된 것을 대단히 기쁘게 생각한다. 이 책의 번역을 위한 아이디어와 수고에 대해서 박용익 선생님께 감사의 말씀을 드린다. 본 저자가 제안한 이론과 방법론들이 대화를 분석하고자 하는 한국의 독자들에게 유용하기를 기대하고, 학문의 국제적인 교류에 이바지한다면 더할 나위 없이 기쁘겠다.

2002년 2월 1일
아르눌프 데퍼만

　　대화분석 연구가 한국의 학계에 소개된 지는 10여 년에 불과하고, 그나마 소수의 학자에 의해서 본격적으로 연구된 것은 겨우 몇 년에 불과하다. 일천한 연구 역사와 학문적 성과에도 불구하고 대화분석에 관한 관심은 상당히 높은 것으로 보인다. 또 언어학 분야뿐만 아니라 심리학이나 사회학 그리고 간호학 등 여러 학문 분야에서도 대화분석 연구의 실제적 활용 방안에 대해서 많은 기대를 하고 있는 것으로 보이기도 한다. 그러한 관심과 기대와는 달리 대화분석 연구에 관한 기초 지식을 배울 수 있는 연구 성과물과 개론서는 너무도 부족하다. 그러한 부족한 학문적 저변이 조금이라도 개선되기 바라는 마음에서 이 책을 번역하여 소개한다.

　　이 책에서 소개될 회화분석론은 대화분석 연구의 한 분파로 경험주의적(또는 귀납법적) 방법론을 근간으로 한다. 엄격한 의미의 경험주의적 연구 방법론은 연구에 앞서 선험 또는 사전 지식을 철저히 배제하기 때문에 원칙적으로 연구의 이론과 방법론의 표준화와 보편화를 지양한다. 그 이유는 귀납법적 연구의 이론과 방법론은 아무런 사전 지식 없이 실증 자료를 대하면서 확인하고 체계화하는 것을 원칙으로 하기 때문이다. 이러한 이유로 여러 대화분석 분파 가운데 (사회학의 전통을 포함한다면) 역사가 가장 오래되었고 가장 많은 연구 성과를 남겼음에도 불구하고 보편화되고 표준화된 회화분석론의 이론과 방법론을 소개한 문헌이 없었다. 여기에 소개되는 이 책은 회화분석론에 관한 최초의 개론서인 셈이다. 그러나 데퍼만 교수가 서문에서 이미 밝혔듯이 이 개론서에서 소개되는 회화분석론은 엄격한 경험주의적 의미의 회화분석론은 아니다. 다시 말해서 연구에 착수하기 전에 어떠한 사전 지식도 배제하고 오로지 실증적 자료에서만 이론과 방법론의 체계를 정립하라는 경험주의적 명제와 달리, 대화의 내용적·기능적 분석에 필요한 배경 지식과 문맥 지식이 필요하다는 입장을 취하고 있다. 이는 고전적 회화분석론의 경험주의적 연구 방법과 명제는 인식론의 관점으로 보아도 가능한 것이 아니었기 때문에 타당하다. 왜냐하면 분석자가 어떤 것을 어떤 것으로 파악하고 특정 범주에 편입시키는 자체가 이미 사전 지식을 사용하고 있음을 보여주기 때문이다. 또한 그 때문에 회화분석 연구가 의사소통의 형태적 측면(예:화자교체)만을 연구의 대상으로 삼을 수밖에 없었고, 상대적으로 발화의 의사소통적 기능과 의미를 소홀히 다루어왔다는 비난을 받기도 하였다. 데퍼만 교수의 이론과 방법론은 그간의 문제점을 극복하고 회화분석론에 하나의 새로운 전통을 확립한 것으로 판단된다.

  역자는 연역적 방법론을 원칙으로 하는 대화분석론을 연구해 왔다. 그리고 앞으로도 연역적 방법론을 바탕으로 하는 대화분석 연구를 계속할 것이다. 그럼에도 불구하고 이 책을 번역 소개하는 이유는 하나의 연구 방법론을 택하였다고 해서 다른 것을 배제할 필요가 없고, 또 택하지 않은 다른 쪽에서 선택한 연구 방법론의 부족한 점을 메울 수 있을 것이라는 생각을 하고 있기 때문이다. 여러 분파의 대화분석 연구가 발달하기 시작한 1980년대에 독일의 대화분석 학계에서는 치열한 방법론 논쟁이 있었다. 이 논쟁에서 연역적 대화분석 연구자와 귀납적 대화분석 연구자들은 자신들의 연구 방법이 정당하고 우수하며, 다른 쪽의 연구 방법을 부적절한 것으로 여기고 더러는 아예 성립 자체가 불가능한 것으로 치부하는 경향마저 있었다. 각각의 연구 방법론을 대표하는 학회가 따로 설립되었고, 지금까지도 여전히 이렇다 할 만한 상호 교류도 없고 상대방의 입장을 참조하는 일없이 개별적으로 학문 활동을 하고 있다. 다시 말해서 두 다른 연구 방법론자들 사이에는 건설적인 대화가 이루어지지 않고 있다. 이렇게 볼 때 데퍼만 교수는 귀납법적 대화분석 연구 분파가 보이는 결점을 연역법적 연구 분파의 이론과 방법론을 참조함으로써 개선하려고 하고 있고, 이를 통해서 대화분석 학파 사이에서 일종의 대화를 시도하고 있는 셈이다. 이에 대해서 연역적 방법론을 표방하는 역자는 개선된 회화분석론을 하나의 연구분파로 인정하고 배우려는 자세를 보임으로써 그 대화 시도에 대한 대답을 하는 것으로 보고 싶다. 이 대화가 독일과 한국의 대화·의사소통에 관심을 가지고 있는 사람들 사이의 대화로 이어지길 바라는 마음이다.

이 책을 번역하는 데 흔쾌히 응해주었고 또 역자의 질문에 대해서 언제나 신속하고 친절하게 대답을 해준 저자 데퍼만 교수에게 감사를 드린다. 그리고 독일어의 틀 속에서 갇혀서 제대로 표현하지 못한 한국어를 바로 잡아주신 동료 김순자 선생님과 김정선 선생님께 진심으로 고마운 인사의 말씀을 드린다. 또한 독일어 용어를 한국어로 옮길 때 많은 도움을 준 연세대학교 인문과학 연구소 조교 김민정 학생과 이윤진 학생에게도 고마운 마음을 전하고 싶다.

2002년 3월
박용익

차 례

한국어판 서문 ● 5

역자 서문 ● 7

1 회화분석 연구 방법론의 과제 ● 13

2 회화분석 연구의 여러 문제들 ● 21

2.1 회화분석 연구의 다양성과 단위 ● 21
2.2 연구에서 과제 설정의 발전 ● 28

3 자료의 채집 ● 33

4 분석 자료로 이용할 자료 만들기 ● 47

4.1 대화 목록의 작성 ● 48
4.2 연구 목적과 분석 부분의 보다 상세한 규정 ● 53

5 전사 ● 57

5.1 전사의 목적 ● 57
5.2 전사의 체계 ● 59

6 회화분석의 방법과 절차 • 71

6.1 분석의 시작 • 75
6.2 분석의 관점 : 개별 사례에서 연속체의 상세 분석 • 77
6.3 분석의 목적 : 대화 실행방법의 '어떻게'와 '무엇을 위해서' • 114
6.4. 분석의 자원: 배경 지식과 변형의 기술 • 122
6.5 분석의 심화 : 개별 사례를 초월하는 분석 • 137

7 회화분석의 질적 평가를 위한 기준 • 151

8 참고문헌 • 159

【별 첨】
대화분석을 위한 전사 시스템 GAT • 177
찾아보기 • 181

회화분석 연구 방법론의 과제
CONVERSATION ANALYSIS 1

회화분석 연구[1]는 지난 30년 동안 효율성이 높은 연구의 한 분야로 발전해 왔다. 회화분석 연구는 특히 언어학과 사회학 그리고 인류학에 새로운 연구 분야를 제공하였고, 오래동안 관심을 받아온 문제를 다룰 수 있는 새로운 관점을 제시하였다. 일상 생활은 가족 내의 일이든, 직업과 관련된 일이든 아니면 여가 시간을 보내는 일이든지 대부분 대화로 이루어진다. 이에 대해 일관되게 관심을 보이는 분야는 회화분석 연구 외에는 없었다.

그러나 그 동안의 많은 회화분석 연구 활동과 업적에는 방법론적 성찰

---

1) 역자주) 여기서 사용되고 있는 '회화'의 독일어 용어는 'Gespräch'이다. 이 용어는 독일어에서 두 사람 이상이 발화순서를 교체하면서 수행하는 의사소통을 지칭하는 매우 일반적이고 광범위한 의미로 사용된다. 보통 대화분석 연구는 방법론이 귀납적인가 연역적인가에 따라서 회화분석론(conversation analysis)과 대화분석론(dialogue analysis 또는 discourse analysis)으로 구분된다(레빈슨 1993에서는 대화분석론과 담화분석론, 박용익 2001 참조). 이 책의 저자 데퍼만은 회화분석론을 중심으로 논의를 전개하기 때문에 '회화'라는 용어로 번역하여 사용하기로 하겠다. 그리고 대화적 의사소통을 가리키는 의미로 Gespräch가 이용될 때에는 일반적 용어인 '대화'를 사용하기로 한다.

에 대한 나름대로의 결점들이 있다. 방법론적인 표준이 있다고는 해도 완성도가 떨어지고, 학문적 접근 방식에 대한 긴요한 문제들은 충분히 토의되지 않았다. 또한 명확한 연구 방법이 없으며 회화분석을 위한 분석범주의 설정을 위한 노력도 거의 없었다. 이러한 결함들은 다른 심각한 문제들을 초래한다. 예를 들면 연구 성과들이 학문적 수준에 이르지 못했거나, 선험적으로 정립한 이론을 단편적인 대화 자료를 바탕으로 단순하게 설명한 경우가 많았다. 또 회화분석 연구 성과의 질을 판단할 만한 기준이 없는 실정이고, 학문적으로 정립된 방법론이 없다는 이유로 회화분석 연구에 대한 적절한 평가가 이루어지지 않을 수도 있다. 회화분석 연구자들과 학생들도 그러한 문제 때문에 회화분석 연구의 방법론을 체계적으로 정리한 입문서나 개괄서를 필요로 하고 있다.

그러한 문제가 발생한 것은 그 동안의 게으름 탓만은 아니다. 회화분석론자들이 경험주의적 연구 방법론 때문에 (아래를 참조) 방법론을 체계적으로 정립하는 것을 거부하는 것도 하나의 이유이다. 회화분석론자들은 개별 연구를 위해 실제적인 자료를 분석하면서 방법론이 개발되어야 한다고 주장한다. 그들은 회화분석 연구를 "공예론"이라고 부르는데, 이는 해석적 연구에서 응용할 수 있는 규칙들이 하나의 틀 속에 고정되어 있는 것이 아니라, 실제적 작업을 통해서만 습득될 수 있다고 여기기 때문이다. 비록 실제적 분석의 경험이 매우 중요하고, 모든 개별적 연구에서 그것의 특수한 방법론적 과제와 문제가 해결되어야 한다는 주장이 타당하기는 하지만, 일반적이고 구체적인 방법론적 접근 방식을 체계화하는 것은 포기할 수 없는 일이다. 이때 전제해야 할 것은 그러한 체계화된 접근 방식이 개별적 연구분야를 고려하고 유연하게 적용되는 수단으로 이해되어야 한다는 사실이다. 나는 회화분석 연구의 방법론을 체계화하는 것이 정당하다고 본다. 아직까지 연구 방법론이 명시적으로 규칙화되지는 않았지만, 경험이 풍부한 여러 학자들이 효과적으로 사용한 원칙들이 많다. 또한 기존의 연구 결과에 방법론적인 논거와 대화의 진행 과정에 대한 기초적 지식이 일정한 형식으로 반복적으로 나타나기 때문에 이를 바탕으로 방법론적 접근 방식을 체계화할 수도 있다. 이 외에도 방법론의 체계화는 전문 학술적 근거 제시와 추론을 위해서 필요하며, 그리고 그에 따른 연구 성과의 평가를 위해서도 반드시 **필요하다**. 그렇게 해야 분석적 감수성을 기를 수 있고, 연구 방법론의 완전성과 체계성 그리고 구체성을 검증할 수 있는 도구를 얻을 수 있다.

　나는 본 텍스트를 통해서 그러한 방법론상의 결함을 극복하는 데 기여하고 싶다. 이 텍스트는 회화**분석**의 방법론에 대한 입문서인 동시에 개괄서이다. 여기서는 방법론에 관한 것을 서술하거나 ― 그렇기 때문에 특수한 접근방식들에 대해서는 거의 언급하지 않는다 ― 개별 사례와 문제에 관련된 것을 다룬다. 후자는 하나의 구체적인 자료에서 특수한 연구 과제가 어떻게 연구되었는가를 시범적으로 보여주기 위한 것이다. 이 텍스트는 시작 방법이 다르다. 이 텍스트는 모든 연구에서 응용될 수 있는 회화분석 연구의 **일반적 원칙과 접근 방식**을 체계적으로 보여주는 것을 목표로 한다. 이 말은 모든 대화가 같은 형식으로 연구될 수 있다는 뜻이 아니다. ― 그것은 괴이한 생각에 불과하다. 또한 이 텍스트는 회화분석 연구의 방법론을 **모두** 기술했다고 주장하지도 않는다. 여기서 추구하는 목적은 회화분석의 접근 방법을 예시적으로 보여주는 것에 불과할 뿐이다 (아래를 참조). 그러한 접근 방식에 의해서 회화분석에서 대개 논의되지 않았던 몇 개의 측면들이 추가된다. 방법론은 언제 누구에 의해서 수행되는 지와 관계없이 대화에 적용되는 매우 일반적인 특성이 있다는 사실에서 기인한다. 그러한 특성에 속하는 것들은 다음과 같다.

- **구성성** : 대화는 대화참여자들에 의해서 능동적으로 창출된다.
- **진행성** : 대화는 행위의 연속에 의해서 발생하는 시간적 구조물이다.
- **상호작용성** : 대화는 대화참여자들이 교대로 수행하고 서로 관련을 맺
　　　　　는 발화로 구성된다.
- **방법성** : 대화참여자들은 전형적이고 문화적으로 많든 적든 널리 알려

진 방법들, 즉 타인이 인지할 수 있고 이해할 수 있는 방법을 이용한다. 이 방법들은 대화참여자들이 발화를 구성하고 해석하며 또한 발화의 순서교대를 구성하는 데 이용된다.
- **화용성** : 참여자들은 대화의 과정에서 공통적이고 개인적인 목적을 추구한다. 특히 대화를 조직할 때 나타나는 문제와 과제를 공동으로 처리한다.

이와 같은 기본적인 대화의 특성에 대한 지식이 본 텍스트에서 방법론적으로 이용된다. 여기서 말하는 방법론은 **대상에 근거하고 있는 방법론**을 의미한다. 이것은 특정한 문제제기 하에 구체적인 사안을 처리하기 위해서 이용되는 대화의 일반적이고 형태적인 특성으로부터 출발하는 한 일반적이며 형태적인 특성을 가지고 있다. 이 텍스트는 언어학자, 사회학자, 인류학자 및 심리학자 모두에게 유용하게 이용될 것으로 기대되는데, 이와 관련하여 누구에게 더 중요하고 더 심화되어야 하는지는 필요한 곳에서 언급할 예정이다. 방법론적 원칙과 접근 방식은 몸에 꼭 끼는 코르셋이 아니라 '**연장통**'으로 이해되어야 할 것이다. 개별적인 제안이나 척도들은 개별 대화 자료와 연구 과제에 따라서 중요성과 이용의 정도가 각각 다르다. 그리고 그것들은 당연히 연구의 특성에 항상 알맞아야 한다 (2.1과 2.2). 일반적 원칙과 접근방식들을 제한된 지면에 축약하여 제시하다보니 유감스럽게도 경험이 부족한 독자들이 아쉬워할 수 있고 또 구체성이 부족할 수도 있다. 하지만 제시된 원칙과 방법론들이 널리 응용되고 전용됨으로써 그러한 문제가 해소되었으면 한다.

회화분석 연구는 어떤 것에 관심을 가지고 있는가? 회화분석 연구는 사람들이 대화를 **어떻게** 수행하는 가를 알고자 한다. 회화분석은 사람들이 발화를 교환하는 데 사용하는 원칙은 무엇이고, 언어적 또는 여타의 의사소통 수단은 무엇이며, 살고 있는 현실을 어떻게 창출하는 지를 연구한다. 이러한 대화적 현실은 대화 참여자들에 의해서 구성된다. 즉 그들은 대개 일상적으로 반복되고 체계적인 대화의 실행방법을 이용한다.

이를 이용하여 대화참여자들이 대화에서 의미를 창출하고 대화의 진행을 조직한다. 칼마이어(Kallmeyer 1985)는 상호작용의 구성을 6개의 차원으로 구분하고 있다. 이것들은 참가자들이 대화를 수행할 때 반드시 숙지하고 있어야 하는 실제성과 관련된다.

- **대화의 조직** : 대화의 형태적 전개, 즉 대화의 시작과 종결 그리고 발화권의 배분
- 논증과 기술 그리고 이야기 형식에서 **사실의 서술**(=대화의 주제와 내용)
- **행위** : 목적과 용도 ; 이것 때문에 대화가 수행된다(예:학업상담, 분쟁조정 또는 사교)
- 대화참여자 사이의 **사회적 관계**(예:권력, 친밀성, 공감성 등) 그리고 그들의 정체성(예:여성, 독일인, 학자 등)
- 대화의 **양상성** : 대화와 실제성과의 관련성(예:진실, 농담, 장난 등)과 대화참여자들의 감정적, 문체적 참여양식(예:분노, 당혹감, 예의를 갖춘 거부 등)
- 대화참여자 사이의 **상호관련성의 창출**(=상호이해와 협력)

이러한 차원들은 서로 다양하게 관계를 맺고 있다. 이러한 차원들이 구체적인 대화에서 서로 무관하게 개별적으로 처리되는 것은 물론 아니다. 그러나 그것들은 참여자들에게 각각 특별한 과제를 부여하고 대화 형성의 특수한 가능성을 각각 제공한다. 그것들이 회화분석 연구에서 중점을 둘 수 있는 서로 다른 연구의 중점 사항들을 형성하는 바로 그러한 6개의 차원인 것이다. 어떤 경우라도 핵심은 대화참여자들이 상호작용 구성의 다양한 차원과 형태에서 대화의 과제와 문제 그리고 목적들을 처리하기 위한 **대화의 실행방법**에 관한 것이다. 그렇기 때문에 특정 대화의 실행방법을 설명한다는 것은, 대화참여자들이 **어떻게** 행위를 하는 지에 대해 정확히 서술하는 것이며, **무엇을 위해서** 그들의 행위가 사용되는지에 관한 대화 실행방법의 기능을 재구성하는 것을 의미한다(6.3).

여기에서 지향하는 회화분석 연구는 근본적으로 **회화분석**2)의 연구 결과와 '분석적 정신'(Schenkein 1978)을 근간으로 한다. '대화분석 연구(dialog analysis 또는 discourse analysis)'와 '회화분석 연구(conversation analysis)'는 이 텍스트의 여러 곳에서 동의어로 사용된다. 여기에서 내가 예시적으로 소개하고 있는 접근방식은 보다 일반적인 용어인 '대화분석 연구'로 지칭하기로 하겠다. 왜냐하면 회화분석 연구에서 일반적으로 다루는 문제와 과정 외에도 내용적 관심사, 민족지학적 자료와의 통합, 연구 진행 과정에서 변화주기와 문맥 지식의 역할 또는 연구의 일반화와 타당성 등도 함께 다루기 때문이다. 그러므로 회화분석 연구의 틀에 상호작용적 사회언어학, 담화 심리학 및 기초이론(grounded theory) 등을 호환이 가능한 범위 내에서 보충하기로 하겠다3).

회화분석 연구는 해석적 또는 질적인 사회연구에 속한다(개론적: Denzin/Lincoln (1994); Flick (1995); Hitzler/Honer (1997); Mason (1996); Miles/ Huberman (1994); Silverman (1993); 언어학과 관련: Holly (1992)). 회화분석 연구의 전형적인 특징은 연구를 위해서 인위적으로 만들어진 자료가 아니라 실제의 대화 자료를 다루는 데 있다. 그 때문에 회화분석 연구는 언어학의 여러 연구 분야, 특히 연구자가 예문을 직관적으로 만들고 정형의 문장과 적절한 화행, 가능한 추론을 문맥과 관련짓지 않고 연구하는 화용론과 크게 구분된다. 또한 회화분석 연구는 사전에 확정된 가설을 통계에 의한 표준화되고 양

---

2) 회화분석 연구에 관한 입문적 텍스트는 많이 있다 : Bergmann(1981, 1988a, c, 1994), Eberle(1977), Kallmeyer(1988), Heritage(1984a, 8장), Levinson(1993, 6장), Nofsinger(1991, 6장), Psathas(1995), Schiffrin(1994, 7장), Hutchby/Wooffitt (1998). 회화분석 연구의 방법론에 관한 텍스트: Bergmann(1988b), Heritage (1995), ten Have(1998), Hutchby/Wooffit (1998), Schenkein (1978), Wootton (1989).
3) 토론된 연구분야와 회화분석 연구와의 호환성에 관해 설명하려면 최소한 책 한권 분량이 될 것이다. 그렇기 때문에 이에 대한 논의는 생략한다. 참고가 될 만한 문헌들은 다음과 같다. 상호작용적 사회언어학:Auer(1992), Gumperz(1982, 1992), Schiffrin(1994, 4장); 담화 심리학: Potter et al.(1993); '기초 이론':Strauss(1991), Strauss/ Corbin(1996).

화(量化)된 자료로 검증하는 것을 경험주의라고 이해하는 이른바 '경험-분석적' 사회학과도 구별된다. 회화분석 연구는 그러한 선험적 가설을 포기한다. 자료를 표준화하고 등급가로 전환하는 것에 반대한다. 그 이유는, 만일에 그렇게 할 수 있다면, 원래 연구의 대상인 일상 생활의 수행이 처음부터 연구자의 범주에 따라서 형태가 형성되어 있어서 그것의 고유한 구조를 발견할 기회가 있을 수 없기 때문이다. 회화분석 연구는 학술적 진술이 개별 사례에 적합해야 할 것을 추구한다. 반면에 양적 사회 연구는 일반화된 진술에 도달하고 모(母)집단과 관련하여 변수 사이의 상관 관계를 확인하는 것을 목표로 한다.4)

회화분석 연구의 접근 방식에 대한 논의는 여러 연구 관심사의 근본적인 공통점과 차이점에 대해 개괄하는 것으로부터 시작한다. 이를 통해서 일반적 방법론의 가능성과 한계가 전체적으로 논의될 수 있다(2). 그리고 나서 자료의 수집과 처리 방법에 대한 기초 기술과 과제에 대해서 소개하기로 한다(3-5). 이 책의 핵심은 고유한 의미의 회화분석 연구이다(6). 여기에 중점을 두는 이유는 대화 자료를 평가하는 부분이 아직 미흡하다고 보기 때문이다. 그 반면에 전사에 관한 문제 즉 대상 자료의 재현에 대해서는 상대적으로 만족할 만큼 자세한 논의가 이루어졌다. 뿐만 아니라 동료 학자나 학생들이 평가 방법에 대한 체계적으로 설명하고 있는 안내서가 없는 것을 아쉬워하는 경우가 많았다. 이어서 연구 결과의 질과 검증에 관한 내용이 토론된다 (7). 회화분석 연구의 방법론을 '포괄적으로' 소개하려면 이 책에는 빠져 있는 몇 개의 사항이 포함되어 있어야만 한다. 중요한 것들을 예로 들면 다음과 같다.

---

4) 물론 회화분석 연구에서도 보편화에 관한 문제를 다루고 있기는 하지만 아직까지 만족할만한 성과는 이루어지지 않고 있다 (7).

- 대화의 대상적 특성, 일반적인 방법론적 원칙 그리고 구체적 접근 방식 사이의 관계
- 대화연구와 민족지학 그리고 민족지학적 방법론 적용 사이의 상호연계에 관한 자세한 토론
- 회화분석 연구의 방법론과 수량화의 연계
- (질적 및 양적) 평가용 소프트웨어의 사용
- 학술적 글쓰기, 연구 과정과 연구 결과의 제시에 관한 인식론적이고 실제적인 질문들
- 대학 이외의 곳에서 회화분석 연구가 응용될 수 있는 상황 (Becker-Mrotzeck 1999 참조)

회화분석 연구의 여러 문제들 2

이 장에서는 방법론적 접근 방법을 선택함으로써 나타나게 되는 회화분석 연구의 여러 문제들의 차이점과 공통점을 개괄적으로 다룬다. 이어서 회화분석에 대한 근본적인 연구진행 과정의 특성들, 즉 연구 과제의 발달과 대화 구조에 관한 지식의 획득이 서로 연계되면서 동시에 이루어지는 사항에 대해서 논의를 하도록 하겠다(2.2).

2.1 회화분석 연구의 다양성과 단위

대화를 분석할 때 매우 다양한 문제에 대해서 관심을 가질 수 있다. 그렇기 때문에 처음에는 일반적이고 방법론적인 가이드라인이 무엇인지 말하기가 불가능한 것처럼 보인다. 실제로 화상회의(Meier 1998)에 관한 연구를 할 경우와, 비난을 할 때 어떤 음조가 사용되는 지에 (Günthner 1996) 관한 문제를 다룰 때는 서로 전혀 다른 방법론이 요구되고 전혀 다른 단계를 거쳐야 한다. 그럼에도 불구하고 대상에 대한 이해와 방법론 그리고 회화분석 연구의 연구사 등을 바탕으로 여러 다양한 문제에 대해서 유용하고, 경우에 따라서는 포기할 수 없는 몇 개의 지침과 표준 그리고 분석전략 등을 제시할 수 있다. 이는 **회화분석 연구의 여러 유형**들을 구분할 수 있는 **방법론과 관련된 중요한 차원**들이 어떤 것인가를 먼저 묻는다면 더욱 분명해진다. 이 책에서는 여러 회화분석 연구의 접근 방식을 구분하는 것이 원칙적인 차이점에 기인하는 것이 아니라, 출발점, 목적 그리고 중점사항 등이 서로 다른 데서 기인하는 경우가 많다는 것을 보여줄 것이다. 방법적으로 중요한 다섯 가지 차이점은 다음과 같다

1. **현상의 범위** : 회화분석 연구가 다루는 대상은 특정 문법 또는 음성적 형태와 같은 미시적 현상으로부터, 특정 사회 환경에서 사용되는 의사소통의 여러 유형이나 여러 장소에 산재해 있는 한 기업의 여러 의사소통 과정이 어떻게 서로 연결되는지 등의 문제와 같은 보다 거시적인 현상까지 포함한다.

2. **현상의 문맥적 특수성** : 고전적 회화분석 연구는 문맥에 매우 민감하게 작동하는, 즉 당면하고 있는 개별적 상황에 적합하고 문맥에 매우 민감하게 실현되지만, 다른 한편으로는 보편적이고 문맥과 상관없이 작동하는 장치(예:발화순서교체 장치)의 발견을 목표로 하였다(Sacks et al. 1974). 이에 비해 지금은 특정한 상황(예를 들면 독일에 사는 터키 청소년들의 상황), 특정한 수단적 조건(예를 들어 텔레비전 공방), 특정 주제(예를 들면 에이즈에 관한 대화), 또는 행위의 과제(예를 들면 이혼중재) 등과 관련한 의사소통 진행에 대한 연구가 중요하게 다루어진다. 이러한 연구에서도 상호작용의 일반적 구조의 특성이 문제가 된다. 그렇지만 특수한 문맥에서 의사소통 현상의 창출과 기능 그리고 그것들의 상호 연결의 특수성이 보다 중요한 관심사이다.

3. **현상의 표층적 근접성** : 연구에서 중요하게 다루어지는 현상들 가운데는 커다란 해석의 노력 없이도, 그저 감지하는 것만으로도 확인할 수 있는 것들이 있다.1) 언제 불변화사가 나타나고 화자교체의 조직에 해

당되는 사건과 관련이 있는지에 대해서는 비교적 아무런 전제 조건 없이도 질문을 할 수 있다. 그러나 대화 중에 풍자(Hartung 1998)의 생산과 수용에 관해서 알고자 할 때, 어떤 현상이 조사 연구에서 중요한지 알기 위해서 이미 높은 정도의 해석과 분석이 요구된다. 그러니까 많은 연구에서는 표층에 나타나는 현상들이 상대적으로 직접적인 연구 대상이 될 수 있고, 반면에 다른 경우에는 어떤 대화의 현상들이 조사연구의 대상에 속하는지를 결정하기 위해서 해석과 설명에 상당한 정도의 노력을 기울여야 한다.

4. **형태 중심적 분석과 기능 중심적 분석** : 사회학이 전통적으로 어떤 이유에서 (특정한 형태의 모습으로) 사회적 사태가 존재하는지를 설명하려고 한다면, 회화분석 연구는 우선 의미와 질서가 대화 안에서 어떻게 창출되는지를 재구성하려고 한다. 이때 조사와 연구는 언어의 형태로부터 출발하면서, 이들이 어떤 기능을 가지고 있는지를 물을 수 있다. 예를 들면 반대 의미를 지닌 문장을 도출하는 접속사("그러나", "그렇지만")가 어떤 목적으로 그리고 어떤 변이 형태로 사용되는지(=형태 중심적 연구)를 묻는 경우이다. 반대로 특정한 의사소통적 과제가 어떤 형태로 처리되는지(예:누군가에게 상담해주기), 또는 어떤 형태로 특정한 기능이(예:신뢰감을 주기) 수행되는지를 묻는 경우이다(=기능 중심적 연구).

5. **방법론의 단일주의 대 방법론의 혼합** : '순수 이론'은 회화분석 연구의 개념을 가지고 연구를 하는 모든 연구자들이 표방하지 않는 몇몇 원칙들(나중에 자세하게 논의됨)을 포함하고 있다. 무엇보다도 논란이 되는 것은 어느 정도로 회화분석 연구가 민족지학적 정보들과 결합되어야 하는지, 연구자가 한 쪽을 지지하며 편파적 자세를 취해야 하는지, 그리고 사회구조적 변수(제도, 성, 권력관계)를 통해서 대화 현상을 의사(疑似) 인과적으로 설명하는 것을 수용하고 노력해야 하는가 등과 같은 것들이다.

---

1) 이로써 해당 현상들이 적절하게 분석되었다고 주장하는 것은 물론 불가능하다. 그 반대로 청각적으로는 비슷한 현상들이 상호작용적으로 다양한 특성을 가질 수 있다 (예:상이한 의미의 "아!"(Heritage 1984b)).

그 외에도 방법론적 관점에서 서로 다른 학술분과(사회학, 언어학, 인류학, 신문방송학, 심리학)의 관심과 중점사항 등이 중요하다. 이 분야들은 직접적으로 현상과 관련이 있는 측면에서 보다 많은 영향을 끼치고[2] 근본적인 분석 전략에는 관계하지 않는다. 위에 언급한 방법론적으로 중요한 다섯 개의 차원은 다섯 개의 대표적인 회화분석 연구의 형태와 다음과 같은 관계가 있다.[3]

1. 대화의 실행방법에 관한 연구는 회화분석 연구의 고전적 연구분야이고 많은 사람들이 그것을 회화분석과 동일시하기도 하였다[4]. 회화분석 연구에서 가장 유명한 화자교체(Sacks et al. 1974)와 교정(Schegloff et al. 1977)에 관한 연구가 이에 속한다. 연구단위는 국지적이고 표층적 성격이 강한 편이다. 이것은 특히 언어학 영역에서 연구가 활발히 진행되는 것과 맥을 같이 한다.(예:Ochs et al. 1996, Couper-Kuhlen/Selting 1996). 이전에는 보편적이고 일반적인 대화 실행방법의 특성에 대한 연구가 많았지만, 이제는 특정 문맥과 관련된 기능을 연구하는 사례가 많다(예:영어로 인터뷰를 하는 사람이 차례로 던지는 질문들 사이에 어떤 방식으로 응집성을 창출하는가에 관한 연구(Heritage & Roth 1995)). 그러나 대화의 실행방법은 특성이(예:문법적) 형태들에 의해서 사전에 규정되는 것은 아니라, 오

---

2) 예를 들면 운율을 연구하기 위해서는 진동스펙트럼 분석, f_0 - 익스트렉션 다이어그램 (Extractiondiagramme), 특수 전사가 필요하다(Couper-Kuhlen/Selting 1995).
3) 독일어권의 최신 연구현황에 대한 전반적 사항은 하우젠도르프(Hausendorf, 준비중)가 소개하고 있다.
4) '대화의 실행방법'은 어느 정도 의무적인 것으로 문화를 반영하고 있는 관습이나 일상적으로 반복된다는 사실을 가장 잘 보여주고 있다. 이 용어는 다른 문헌에서 '규칙', '장치', '회화분석적 수행/대상', '상호작용적 처리/과정/기술', '체계' 등으로 쓰이는 경우가 많다. 대화의 실행방법은 대화 중에 특정한 과제를 수행하거나 특정한 문제를 해결하는 개별적인 방법들을 일컫는다. 예를 들어 대화의 개시나 이해를 확고히 하는 방법(예:해명의 연속체)이 대화의 실행방법일 수 있다. 대화의 실행방법은 여러 다른 차원에서 표현될 수 있다. 예를 들면 문법의 차원, 지시적 실행방법, 의미론의 차원, 대화부분의 차원, 대화의 종료 또는 웃기는 이야기하기 등의 형식으로 나타날 수 있다. 후자의 경우 대화의 개념과 대화 실행방법의 개념이 같은 것을 의미할 수도 있다.

히려 어떤 실현 형태가 대화의 특정한 공동 과제 또는 기능을 충족시켜준다는 사실을 보여주어야 한다. 이렇게 되면 연구의 대상은 형태 중심 분석과 기능 중심 분석의 중간에 놓이게 되는 것이다. 대화의 이행방법은 순수주의를 지향하는 고전적 회화분석 연구의 대표적인 연구 대상이었다. 하지만 지금은 비교할 만한 것을 연구하는 해석에 보다 많은 중심을 두는 연구도 있다(이 경우 대개는 방법론적 표준을 상당히 느슨하게 이용한다.). 이에 대한 한 예는 '해석의 다양한 유형'이다. 이것은 특히 담화 심리학에서 연구되는 해석의 원형이고 전략이다(예:Potter/Wetherell 1987, Potter 1996).

2. **의사소통의 유형과 장르**(Knoblauch/Günthner 1997) 또는 **의사소통**(speech 또는 communicative events; Hymes 1972, Saville-Troike 1989)에 관한 연구는 민족지학적 영역이었지만 점차로 회화분석 연구와 연계되고 있다. 이러한 연구에서는 구성요소들과 특수한 참여 역할 및 상호작용 계기들의 전형적인 순서를 가지고 있는 매우 큰 의사소통의 단위들이 연구된다(예: 숙덕거림: Bergmann 1987; 개별 대화참여자들의 상호작용적 특성의 교육: Spranz-Fogasy 1997). 여기서는 민족지학적 문맥과 축적된 지식과의 연계, 그리고 언어적 실현 형태의 정밀한 분석이 대화 실행방법에 관한 사회학적 분석보다 전통적으로 훨씬 큰 비중을 가지고 있다.

3. **상호작용의 문제와 과제의 처리**에 관한 연구는 1과 2에서 묘사한 연구로부터 출발하지만, 주로 특정 표층적 현상이나 상호작용의 연속체로부터 출발하는 것은 아니다. 이 연구는 근본적인 상호작용의 과제를 자료에 의거하여 재구성하는 것을 목표로 한다. 즉 미리 설정한 이론을 바탕으로 단순하게 상상하는 것이 아니라는 것이다. 또한 이 연구는 상호작용의 과제를 의사소통적으로 해결하는 수단의 발견을 목표로 하기도 한다(다툼대화에서 신뢰에 대한 논의: Deppermann 1997a; 자기소개: Malone 1997). 기능적 분석이 이 연구의 중심이 되고, 상이한 형태의 연구를 위한 공동의 관련 사항이기도 하다.

4. **제도적 의사소통**(Drew/Heritage 1992; Drew/Sorjonen 1997; Heritage 1997)은 70년대 말 이후 회화분석 연구의 중점사항 가운데 하나가 되었다. 대개 전형적인 제도적 과제의 수행에 구성적인 대

화의 실행방법과 의사소통에 관심을 둔다.(예:법정에서 증인 심문; 상담대화에서 문제 해결의 전개). 이 연구에서는 미시적 현상 외에도 특히 상호작용 과정의 거시적 분할, 제도 내에서 이루어지는 상이한 (의사소통) 사건의 상호 연계, 권력과 지식 그리고 제도적 정체성의 이행과 창출에 관심을 둔다. 최근에 **직장에서의 상호작용 연구**('workplace studies')와 관련하여 직업적 과제를 해결하는 데 어떤 언어활동과 여타 활동(시각적, 물적 등)이 서로 연계되는가에 대한 연구가 이루어진 바 있다(Middelton/Engeström 1997).

5. **사회 집단과 사회 환경에서 의사소통의 양태도** 역시 사회적 행위의 현장으로부터 출발한다. 이 연구는 사회 집단과 사회 환경의 구성적이고 전형적인 행위의 유형, 계기, 주제, 양식, 규칙 등의 재구성을 목표로 한다(Goodwin 1990; Keim 1995; Schwittala 1995). 광범위하게 설계되고 수년동안 지속되는 그러한 연구 계획은 민족지학적 검사 방법 및 참여적 관찰과 연계된다. 그러한 연구 계획은 미시적 상호작용의 현상들과 사회 제도와 핵심적 문화적 해석의 원형 또는 이념 등이 서로 관계를 맺게 하는 보편적 문화 분석 연구의 출발점으로 대화 분석을 이용한다(예:Duranti 1994).

회화분석 연구에서 다루는 연구 과제가 다양하기 때문에, 연구 대상이 가지는 특수성에 알맞는 연구 전략을 개발해야 한다는 것은 분명한 사실이다. 그럼에도 회화분석 연구를 개괄해보면 여러 다양성에도 불구하고 회화분석의 연구 관점의 일치되는 형태적 핵심이 숨겨져 있음을 알게 된다. 즉 모든 연구에서 어떤 방식이든(시간적 그리고 과정적으로) **연속체로 조직되어** 있고 **특정 영역과 관련하여 형태와 기능의 관련성**에 의해서 규정된 **대화의 실행방법과** 관련이 있다(6.3).

- **형태란** 대화가 질서정연하고 의미가 담겨져 있는 사건으로 이해될 수 있도록 인간이 대화를 수행하는 데 도움이 되는 방법, 실제적 수행, 수단, 절차, 언어적 형태 등을 의미한다. 이러한 형태들의 크기는 각각 다르고 여러 다른 추상적 차원에서 기술될 수 있다.

- **기능**이란 상호행위자들이 대화 중에 처리하는 과제와 문제 그리고 참여
  자들의 행위가 지향하는 개인적 목적과 사회적 목적을 일컫는다.
- **영역**이란 형태와 기능의 관련성을 위해서 충족되어야 하는 조건들을 일
  컫는다. 이에는 참가자들의 사회적 관계, 상호작용의 계기, 문화적 틀
  의 조건, 앞서 수행된 대화의 특성 등이 속한다.[5]
- 대화가 시간 선상에서 수행되고 행위의 연속성이 대화의 의미를 규정하
  기 때문에, 대화의 **연속체적 구조**는 반드시 재구성되어야 한다.

회화분석의 연구 과제가 추상적 차원에서 공통성을 갖는 것은 회화분
석 연구의 일반적 대상, 즉 대화에 대한 기본적 이해에서 기인한다. 오
직 모든 대화 행위의 일반적 특성에 대한 이해만이 보편적이기도 하고,
특정 문맥으로부터 독립적이기도 한 방법론적 지침과 범주 그리고 전략
을 체계화하는 데 정당성을 부여한다. 그러나 그러한 것들은 자체적으로
구체적 자료와 연구 과제에 적용되어야 하고 적용될 수 있어야 한다. 이
텍스트에서는 그러한 보편적인 방법론적 측면에 대해 자세히 소개할 것
이다.

그러나 이러한 일반적 가이드라인들 제외하고는 어떤 방법론이 좋은지
혹은 나쁜지를 판단하려면 다음의 질문에 대한 답을 알고 있어야 한다.
(a) 어떤 문제에 대해서 어떤 해답을 찾아야 할 것인가? (b) 어떤 자료
가 이용될 수 있는가?(Reichertz/Schröer 1995, 56). 그렇기 때문에
연구 과제와 연구 자료에 따라서 각기 다른 접근 방식이 효율적일 수 있
고, 개별 연구에서 중심이 되는 문제가 다를 수 있다. 추가적인 절차들
이 연구에 이용되기도 하고 새로운 해결 방안이 개발되는 경우도 많다.
회화분석 연구는 고정된 방법론의 틀을 적용하는 것이 아니라, 오히려
창조적 활동으로 이해해야 한다. 이용된 방법론이 자료나 연구 과제 그
리고 이미 이루어진 연구 결과에 적합한 것이지를 항상 되풀이해서 질문

---

[5] 보편적 수행에는 그와 상응하게 그러한 특수한 영역에만 국한되지 않는다는 사실이 적용된다.

해야 한다. 회화분석 연구자는 자신이 가지고 있는 자료와 "놀 줄 알아야" 하고 또한 처음부터 타당성이 확보되어 있지 않은 새로운 길을 가야 한다. 인식에 이를 수 있는 길이 드러나면 그 다음으로는 연구의 체계와 타당성에 대한 근거를 제시하는데 노력해야 한다.

아무리 실험을 즐겨한다고 할지라도 대화의 근본적인 구성원칙을 무시하거나 또는 그것에 어긋나는 방법은 매우 조심스럽게 사용해야 한다(예를 들면 비연속체적으로 수행하는 의미분석적 방법 또는 화행의 유형학). 그러한 과정들(예를 들면 정적인 빈도분석도 마찬가지로)은 스크리닝 방법(Screeningverfahren)으로서 의미가 있을 수 있는데, 관찰의 기초는 미시분석과 과정분석적으로 재구성하고 검증해야 한다. 어쨌든 연구의 기초와 방법에 관한 구상을 얻으려면 유사한 연구를 다룬 문헌을 조사해 보아야 한다.

2.2 연구에서 과제 설정의 발전

해석적 연구 과정에서 현장성과 구조화 사이에는 변증법적 관계가 성립한다(Flick 1991). 그러한 변증법적 관계는 모든 연구 단계에서 변형된 형태로 반복되고, 다음의 두 질문에 그것의 본질적 특성이 담겨져 있다.

- 연구자가 얼마만큼 **사전에 계획한 구상에 따라서** 가고 있고, 또 사전에 주어진 분석 범주와 이론을 이용하여 작업을 해야 하는가(='구조화')?
- 연구자가 연구분야에 대해서 어느 정도로 **개방적이고 유연해야** 하고 얼마만큼 연구 자료에 의거하여야 하는가(='현장성')?

회화분석은 **연구 자료에 의거**하는 연구 방법이다. 회화분석은 사전에 질문과 연구개념을 선험적으로 확정하지 않고, 경험적 연구 자료를 다루면서 수정해 나간다. 이러한 개방성은 회화분석의 **재구성적 인식에 대한 관심**에서 연유한다. 재구성적 인식에 대한 관심의 본질은 대화참여자들이 대화를 수행하는 중에 준수하는 구성의 원칙과 대화 내에서 의미형성의 원칙을 발견하는 데 있다. 이러한 개방성에 대한 요구에 대해서 상반되는 주장이 있기도 하다. 그 이유는 모든 유형의 문제 설정에는 함축적인 이론과 경험적 지식에 대한 기대가 섞여있기 때문이다. 이러한 가설은 사실이 아닐 수 있지만 그럼에도 불구하고 그 개연성은 대개 매우 크다. 가설은 대안적인 시각을 갖는 데 방해되거나, 대안적 시각이 전혀 나타나지 않게 할 수 있다. 그렇기 때문에 가설은 다음과 같은 위험을 내포하고 있다.

- 미리 가정한 것을 결과로 재생산
- 대화구조의 재구성이 성공할 수 없는 길을 고집하고 잘못된 가설이 아니면 나타날 수 없는 사이비 문제들을 유발
- 이미 잘 알려진 사실들을 보수적인 태도로 재생산; 이것들은 경우에 따라서 타당할 수도 있으나 연구된 사례에서 가장 중요한 사항과 새로운 인식을 완성하게 할 수도 있는 것을 결여하고 있다.

미리 특정 과제를 설정하고 대화를 보면, 선별적 지각과 해석의 관점에 그 표시가 드러난다는 제한점을 가지며 또한 이론에 근거하는 선입견이 어쩔 수 없이 나타나게 된다. 그것들은 또 일상적으로 잘 알려져 있는 현상과 관련성 그리고 사실들 중에서, 대화의 핵심 구조를 인식할 수 있는 단서를 제공할 가능성이 있는 많은 것들을 무시하는 결과를 초래한다.

연구를 할 때 과제 설정을 미리 확정하는 것은 한편으로는 위와 같이 많은 문제가 있기도 하지만, 다른 한편으로는 불가피한 측면이 있기도

하다. 연구 지원금 프로젝트 신청서나 연구계획서 같은 불가피한 제도적 상황을 도외시하더라도, 순수하게 대상과 관련되거나 방법론적인 이유들 때문에 대화는 언제나 특정된 연구 과제의 관점 하에서 연구될 수밖에 없다. 이미 연구분야의 선택과 특정 대화를 녹취하는(그리고 다른 대화는 녹취하지 않으려는) 결정 자체에 대개 특정한 **인식의 관심**이 들어있다. 그리고 나서 대화의 각 부분들을 체계적으로 조직하는 구심점인 매우 다른 **의미와 질서의 차원**과 관련하여 대화의 각 부분들을 연구할 수 있다. 예를 들어 상담대화에서는 어떤 원리에 따라서 문제들이 묘사되는지, 상담자가 어떤 방식으로 직업적으로 행위를 하는지, 언제 그리고 무엇을 위해서 이야기가 시작되고 또는 여러 발화 양식들이 교체되는 지 등을 연구할 수 있다. 비록 여러 회화분석론의 연구 성과물들이 연구 자료 자체가 구조 형성의 원리를 "스스로" 제시하지 않는다는 인상을 주려고 노력하고 있지만, 사실은 그렇지가 않다. 시작할 때의 중요한 관찰과 방법론적인 절차에 대한 민감성을 제외하면, 무엇보다도 연구에서의 질문들(예:대화참여자들이 관계를 어떻게 구축하는가? 어떤 행위들이 어떤 순서로 수행되는가?)로 인해서 특정한 현상과 관련성에 대해서 주의를 기울이게 된다. 그렇기 때문에 대화의 분석이 바로 이것이다라고 할 수 있는 것은 없고, 다만 **언제나 특정 과제 설정 및 특정 관심과 관련한 개별적 분석만이** 있을 뿐이다. 끝으로 연구 과제의 설정은 녹취 자료를 정리할 때 무엇을 기록해두어야 하고 어떤 현상들을 전사 작업에서 재현해야 하는지를 동시에 결정하는 일이기도 하다(4장과 5장).

하나의 중요한 연구 **결과**로 본질적이고 심지어 새로이 알게되는 대상의 구조에 접근 가능하게 하는 연구 과제를 설정했다면, 위에 언급한 현장성과 구조화 사이의 긴장 관계와 관련하여 나타나는 허구적 절망감이 사라지게 된다. 실제로 대화분석의 특징은 **대상의 구성과 대상의 분석 사이에 존재하는 나선형의 관계**로부터 연유한다. 다시 말하자면 연구가 진행되는 과정에서 연구 자료를 분석하게 되면 바탕이 되는(=대상의 설정) 문제 설정과 가설이 변화한다. 연구 대상의 분석을 통해서 변화된 문제 설정은 새로운 인식을 가능하게 한다(4.2와 6.5 참조). 연구 과제의 발전은 연구 결과의 창출과 병행한다. 그렇기 때문에 최초의 연구 과제는 **개방적**이고 **개략적**이며 **단순하게** 설정하는 것이 좋다. 즉 연구 과제를 전제 조건으로 가득 찬 이론의 바탕 위에서 확정하지 말아야 한다. 가설은 가능한 적게 하고, 특히 기저에 놓인 가설을 가능한 의식하고 있어야 하며 그것을 유동적이고 비판될 수 있는 것으로 간주해야 한다. 연구 과제는 자료를 다루면서 나타나는 결과로서 점차적으로 구체화해야 한다.

이 장에서는 다음과 같은 사항들에 대해서 다루도록 하겠다.

- 대화분석을 위해서 녹음기와 비디오에 의한 녹취 자료가 왜 필요한가?
- 좋은 자료를 확보하기 위해서 충족되어야 할 조건은 무엇인가?
- 자료를 문자화하는 기술과 관련하여 주의하여야 할 사항은 무엇인가?
- 추가적으로 채집해야 할 자료로는 어떤 것들이 있는가?

음성 녹음과 비디오 녹화는 자료 채집을 위해서 반드시 필요한 기초 자료

문자로 된 문서와는 달리 대화는 일회적으로 발생하는 사건이다. 대화를 연구대상으로 이용하기 위해서는 녹음이나 녹화를 해서 저장해야 한다. 대화를 녹취할 때는 나중의 대화분석과 대화구성의 특성에 따른 요구에 부합하기 위한 조치를 취해야 한다. 대화진행의 **시간적 역동성**을 **세밀하게** 표시한 기록문을 작성해야 한다. 한 대화에서 일어나는 일의 순서가 사건의 의미를 규정할 뿐만 아니라, 많은 경우 거의 인식되지 않는 행위와 발화의 세부 사항들이 매우 중요하고 정밀하게 연구되어야 하기 때문이다. 뿐만 아니라 대화분석은 미리 가설을 확정하지 말고 대화의 구성 원리를 **자료에 의거하여** 발견할 수 있도록 노력해야 한다. 그런 이유로 대화를 가능한 중립적으로 그리고 있는 그대로 저장하는 것이 '경험적 지식'과 깊은 관련이 있다. 이를 위해서 대화적 사건을 분석하기 전에 이론적으로 이미 만들어 놓은 코드로 전환시키지 않는 자료를 이해하기 위한 수동(受動)적 방법이 필요하다(Bergmann 1985). 그렇기 때문에 양질의 **오디오 녹음** 또는 **비디오 녹화**가 반드시 필요하다. 반면에 여타의 널리 퍼져 있는 대화 자료의 제시형태, 즉 대화참여자의 기억에 의한 의사소통 과정의 기록문 또는 관찰자의 진술이나 언어본능 등은 대화분석을 위한 기초 자료로서 가치가 없다. 왜냐하면 그러한 자료들은 질문을 받는 사람들의 해석과 선별이 이루어진 것이거나 분석자료를 만든 학자들에 의해서 만들어진 것이기 때문이다. 그러한 자료를 가지고는 사건의 정확한 특성을 파악할 수 없다. 반대로 오디오나 비디오로 녹화를 하게 되면 기억이나 단순한 관찰로는 발견할 수 없는 대화진행의 결정적 자질들을 보관할 수 있다(Heritage 1984, 238ff.). 이러한 자료들은 경험주의에 바탕을 두고 새로운 발견을 할 수 있는 기초가 된다. 그러한 자료들이 처음부터 연구자들의 어쩔 수 없는 선지식(先知識)에 적응되어 있지 않기 때문이다. 그러한 자료들은 자체의 저항력을 가지고 있다. 그렇기 때문에 연구자들이 그것들을 다룰 때 가정한 것이나 확실하다고 믿고 있는 것들을 실험하고 검증할 수 있으며 계속적으로 발전시킬 수 있도록 강제한다(Reichertz/Schröer 1994).

민족지학적 자료 채집

많은 대화 자료들은 현장연구의 틀 안에서만 얻을 수 있다(예:방언학,

여러 제도와 특수한 사회적 환경 또는 알려지지 않은 종족에서 수행되는 의사소통에 관한 연구). 여기서는 자세하게 다루지 않지만 사회학의 민족지학적 연구에서 보편적으로 해당하는 그러한 중요한 문제들이 있다. 예로 들면 연구 분야에 대한 접근, 연구 관심의 조정, 현장에서 연구자의 역할, 피연구자들과의 관계 형성, 사생활 보호와 연구 윤리의 문제 등이다(Denzin/Lincoln 1994, Flick 1995, Hammersley/Atkinson 1983, Hammersley 1992 참조). **민족지학적 회화분석론**에서 연구자는 오랜 기간 지속되는 참여적 관찰기간 동안 피연구자들과 좋은 관계를 구축해야 하고, 또 여러 다른 자료 유형들을 바탕으로 현장의 언어학적 형태와 실제로 수행된 의사소통, 그리고 그것들의 상호 관련성 및 규칙 그리고 피연구자들의 가치와 지식에 대해서 가능한 모든 것을 개괄할 수 있는 관점을 확보해야 한다. 그러니까 해결해야 할 과제는 **하나의 문화**가 의사소통 형태와 계기 그리고 기능에 어떤 방식으로 표현되는지에 관한 것이고 문화가 의미를 얻게 하는 문화적 맥락에 관한 것이다(Duranti 1997, Kallmeyer 1995a). 민족지학적 접근방식은 자료의 채집에서 3중 역할을 한다(Auer 1995, Labov 1980a, Milroy 1987, Spranz-Fogasy/Deppermann 출판 준비중, 6.4 참조).

- **대상의 구성** : 근본적인 목적 가운데 하나는 특정 문화의 구성원들 스스로가 필수적 형태에 따라 구조화되어 있고 전형적이라고 판단하는 행위유형 또는 대화적 사건으로 이해하는 대화의 실행방법을 연구하는 것이다. 그것들은 체계 외적(etic) 관찰자들, 즉 특정 문화를 잘 모르는 관찰자들에 의한 유형화와는 달리, 특수하고 체계 내적(emic)인 용어, 즉 특정 문화의 고유한 용어로 표기된다. 그러므로 체계 내적 개념에 관한 지식과 이를 바탕으로 하여 **이방인을 이해하는 과정**은 연구될 대화적 사건을 정의하는 데는 말할 것도 없고, 연구 자료 처리의 모든 과정에서도 역시 근본적 역할을 한다. 뿐만 아니라 현장에 대한 심도 있는 지식은 선험적으로 기대하지 않았고 문헌에도 아직 기술되지 않은 의사소통의 형태 또는 문제들을 이해되는 데 그리고 그러한 것들을 자

세한 연구의 대상으로 삼는 데 대한 전제 조건이다.

- **자료 채집** : 현장에 대한 집중적인 탐구는 연구자가 현장에서 발생하는 전형적이고 가치가 높은 의사소통의 계기와 사건들 그리고 문제 등을 이해하는 데 큰 도움이 된다. 이를 바탕으로 연구자는 언제 어디서 녹화를 해야 하는지, 비교와 보완을 위해 어떤 자료가 추가되어야 하는지를 합리적으로 결정할 수 있다. 연구자는 녹화된 대화의 중요성과 대표성에 관한 평가를 점차적으로 더 잘 할 수 있다. 피연구자의 신뢰가 증가하면 이방인들에게 보통 차단되는 대화적 사건들에 대한 접근이 가능하게 되고, 녹화에 대한 허락도 쉽게 받아 낼 수 있다. 또 시간이 지나면서 관찰이 피연구자의 행동에 끼치는 영향 역시 감소하게 된다.

- **방법과 자료의 원천** : 연구자가 현장에서 비체계적으로 그리고 비계획적으로 획득한 배경 지식은 대개 사실을 파악하는 데 중요한 도구이다. 연구자가 현장에 참여하면서 관찰을 통해서 얻은 지식과 현장에서 발생한 사건은 현장 비망록과 현장 일기에 기록하도록 한다. 그 외에도 부분적으로 원래는 다른 연구 목적을 위해서 개발된 것이지만, 그러나 대화분석을 위해서 중요한 자료를 제공할 목적을 가지고 있는 수많은 다른 방법들을 이용할 수도 있다. 그러한 방법들 가운데 하나가 바로 **민족지학적 인터뷰**이다. 이 인터뷰에서 피연구자에게 무엇을 가리키는 지에 관한 설명, 어원론적 정보 또는 사실 정보, 언어 사용의 특정 형태와 관련한 적절성의 판단, 참여자들의 사회적 관계 등에 대해서 질문을 할 수 있다(Briggs 1986). 그러한 인터뷰는 사전에 특별히 준비할 수도 있지만, 많은 정보들은 비공식적 대화에서 '부수적으로' 더 쉽고도 확실하게 얻을 수 있다. 이러한 방법으로 연구자는 피연구자에게 자신의 연구 결과를 검토할 수 있게 하고, 그의 해석도 얻어낼 수 있다. 특히 제도 내에서 수행되는 대화를 연구할 때는 전문가 인터뷰가 효과적이다. **전문가 인터뷰**를 통해 제도의 역사와 임무의 배분 및 계획하고 있는 목적 등에 대한 정보를 쉽게 얻을 수 있다. 특히 사회 언어학과 방언학의 과제 설정에 적합한 표준화된 설문과 테스트(예:유사성 평가, 교정, 네트워크 분석) 외에도 특히 시청각 자료(그림, 사진, 의사소통 상황과 참여자에 대한 녹화)와 본래 연구의 목적으로 만들진 것이 아닌 문서류(예:신문기사, 전단, 교육자료)도 중요한 역할을 한다. 뿐만 아니라 장

면 분석에서 한 장소에서 보내는 하루의 일정 중에 활동과 참여의 구조 변화를 기록하거나, 상이한 시간에 여러 장소에서 행위자의 이동 상태를 파악할 수 있는 이동 좌표를 작성하는 것도 유용하다.

현장 접근과 대화 환경에 관한 기록

학문의 대상으로 많은 종류의 대화와 대화 현상들을 확보하는 것은 대체적으로 어려운 편이다. 막상 대화를 녹화하려면 대화가 중단되어 버리는 경우가 많다. 피연구자의 불신과 녹화의 대상이 되지 않으려는 마음, 대화가 진행되는 환경이 사생활에 속한다는 점, 녹화 허가를 받으려고 할 때 보이는 연구자의 부끄러움 등은 일상적으로 발생하는 사건을 기록으로 남기는 데 (거의) 극복이 불가능한 장애이다. 피연구자를 설득하는 데 매우 긴 시간이 필요한 경우가 자주 있고, 녹화를 허락해 놓고도 마지막 순간에 거절하는 사례도 있으며, 녹화 허락을 다른이에게 떠넘기는 경우도 많다. 연구에 장애가 되는 주저함과 저항 그리고 불안은 연구자가 녹화하고 연구하는 대화만큼이나 연구에 많은 정보를 제공한다. 그렇기 때문에 처음부터 사전 접촉과 사전 협의의 진행 과정에 관한 기록을 남겨 두는 것이 좋다.

소규모의 녹화도 역시 마찬가지이다. 어떠한 경우라도 **객관적 사실**, 즉 날짜와 시간 그리고 녹화 기관과 장소 및 대화참여자 등에 대한 기록을 남겨두어야 한다. 근본적으로 대화참여자에 관해서 가장 중요한 **사회통계학적 자료**도 파악하고 있어야 한다. 이에는 나이와 성별 그리고 경우에 따라서 민족 유형과 국적, 표준어 사용자인지 방언 사용자인지에 대한 여부, 교육 정도, 직업, 결혼 여부, 참여자들의 친족 관계 또는 친밀도의 정도, 그 외에 대화의 진행에 영향을 끼칠 수 있는 명백하거나 참여자들에 잘 알려져 있는 자질들(예:특정 축구팀의 팬, 신체적 장애, 상징적 의상) 등이 있다. 더 나아가 녹화 직전과 직후에 발생하는 사건들에 관한 사항도 파악해 두어야 한다(예:피연구자가 연구의 목적과 과정에 대해서 질문을 하거나, 작업의 빠른 진행과 종료를 강하게 요구할 수 있다. 또 녹화가 종료되고 난 뒤에 연구자를 신뢰하는 가운데 해당되는 대화의 부분에서 제공하지 않았던 정보를 개인적으로 제공하거나 연구에 대한 해석을 할 수도 있다.).

녹화의 질을 판단할 수 있는 기준과 관찰자의 패러독스

수준 높은 대화분석이 이루어지려면 기술적으로도 수준 높은 녹화 자료가 있어야 한다. 이는 단순히 음질이 뛰어나야 한다는 것만을 의미하는 것이 아니라, 대화참여자들의 행동에 매우 중요한 시각 정보도 포함되어야 함을 의미한다. 특히 음성 발화의 의미가 독립적이지 않다거나, 발화된 것이 자체적으로 범위가 큰 행위 또는 상호작용의 단편적 부분에 불과할 경우, 비언어적 의사소통 행동과 구체적 행위를 기록하는 비디오 녹화가 필수적이다(Heath 1997).

분석 자료는 분석되어야 할 것과 관련하여 되도록 **'자연스러워야'** 한다. 이는 연구 자료를 바탕으로 진술되어야 할 대화 현상들의 유형이 반드시 녹화된 대화를 통해서 ('생태학적으로') 유효하게 제시되어야 함을 의미하는 것이다. 래이보프는 이와 관련하여 발생되는 문제를 **관찰자의 패러독스**라고 지칭한 바 있다. "언어학 이론을 위해서 가장 중요한 연구 자료를 얻기 위해서 사람들이 관찰되지 않을 때 어떻게 말하는지를 관찰해야 한다"(Labov 1980, 17). 흥미로운 현상들의 존재와 형태가 녹화에 의해서 영향을 받지 않을 때야만 비로소 유용한 녹화 자료를 얻을 수 있다. 그렇기 때문에 대화분석론자들 사이에 널리 공감대가 형성되어 있는 의견과는 달리, 자연성의 원칙은 실험실에서의 녹화나 역할 놀이 또는 대중매체의 문헌을 근본적으로 포기해야 한다는 요구를 하지 않는다.

모든 개별 자료는 고유한 '자연성'을 가지고 있으며, 이를 바탕으로 자료가 적합하게 연구될 수 있다. 그렇기 때문에 일반적으로 "자연적 연구 자료"를 요구하기보다는 분석 자료와 자료의 획득 방법 그리고 평가의 방법이 과제를 최선의 방법으로 연구하는 데 적합할 수 있도록 노력하는 것이 더 적절하다.[1] 사전에 준비하고 수행된 대화를 분석할 때 문제가 되는 것은 대화가 발생하게 된 문맥을 고려하지 않고 성급하게 다른 문맥과 관련하여 일반화하는 것이다.

결국 두 개의 기준, 즉 '녹화의 질'과 '자연성'은 원칙적으로 긴장 관계에 놓여 있다. 녹화의 질이 좋으면 좋을수록 그리고 기록된 자료가 더 포괄적일수록, 녹화에 들어가는 수고가 더욱 커지고 피연구자에 대한 녹화의 조건이 더욱 더 명확해 지며, 또 그 때문에 피연구자가 자연스럽게 활동하는 데 더 큰 장애 요소가 발생한다. 그렇기 때문에 일종의 타협이 이루어져야 한다. 자료의 자연성을 배제함으로써 어떤 연구 과제를 규명할 수 없거나 연구 과제가 불충분하거나 불확실하게 규명되는가를 고려해야 한다. 뿐만 아니라 자연성을 배제함으로써 어떤 결함이 발생할 수 있는지, 그리고 불충분한 기술의 수준으로 인해서 심지어는 인위적인 결과가 나타날 수 있는지도 고려해야 한다. 녹화의 자연성이 매우 바람직하기는 하지만 지나치게 공격적인 비디오 촬영은 지양해야 한다. 왜냐하면 그러한 촬영이 허락되지 않는 사례가 많거나 상호작용의 행위를 지나치게 왜곡할 수 있기 때문이다. 또 실현할 수 없는 전제 조건(예를 들자면 피연구자를 개별적으로 카메라로 촬영하기 위해서 쫓아다니거나 촬영 장소를 조명으로 비추기)을 동반할 수 있기 때문이기도 하다. 그럼에도 불구하고 초기 단계에서 피연구자가 연구 상황에 강한 반응을 보이는 것을 비관적으로 받아들일 필요는 없다. 경험으로 볼 때 촬영이 시작되고

---

[1] 인식론적 관점에서도 '자연성'을 절대화시키는 것은 지나치게 단순한 것으로 치부된다. 모든 연구자는 어쩔 수 없이 연구 대상에 대한 자신의 고유한 관점이 있고, 모든 관찰 방법과 모든 차후의 기록은 원칙적으로 선별적이다. 그렇기 때문에 예를 들면 어떠한 녹화도 개별적 상호작용 참여자의 여러 다양한 인지 관점을 정확하게 파악할 수 없다.

몇 분만 지나면 촬영이 되고 있다는 사실에 주의를 기울이는 것이 급속도로 줄어들기 때문이다. 더 나아가 상호작용 행위에 대한 촬영 상황의 중요성은 녹화와 관련된 청자 선택, 관련성 형성 그리고 비정상적인 것 등이 대화분석에서 함께 고려됨으로써 판단할 수 있다. 추가적으로 피연구자에게 녹화 사실이 행동에 어떤 영향을 끼쳤는지를 물어볼 수 있다. 또한 녹음 테이프를 민족지학의 전문가에게 보여서 유용성에 대해서 판단하도록 할 수도 있다. 특히 검증에 예민하고 내밀하며 합리화가 필요한 사항을 다루는 대화, 또는 자신의 표현과 관계 설정이 매우 중요한 대화인 경우 녹화 방식 그 자체가 연구 과제를 해결하는 매우 중요한 단서일 수도 있다. "자연적인 연구 자료"를 얻기 위해서 마지막으로 제기해야 하는 질문은 연구의 현장 그 자체에 이미 연구 목적에 유용하게 사용할 수 있는 기록들이 있는가에 관한 것이다(예:매우 일반적으로 결혼식 비디오, 매체 교육적 활동 또는 대중매체적으로 이용할 수 있는 문헌).

녹화의 실시와 기록의 기술(技術)

녹화를 하기 전에 반드시 해결해야 할 문제로는 다음의 세 가지가 있다(기록의 기술에 관한 일반적 사항은 Goodwin 1993을 참조).

- 비디오를 이용하여 녹화할 것인가, 오디오를 이용하여 녹음할 것 인가?
- 녹화 기기가 특정 장소에 고정되어야 할 것인가 아니면 특정인 또는 특정 사건에 따라서 이동해야 할 것인가?
- 피연구자의 연출에 따라서 녹화될 것인가, 아니면 연구자가(참여적) 관찰자로서 현장에 있을 것인가?2)

---

2) 연구에 참여하는 사람이 스스로 녹화하는 경우 그들에게 매우 세밀한 사전 교육을 실시해야 하고, 다음에 거론될 여러 측면에 대한 정보를 제공해야 한다. 그렇지 않으면 기술적으로 문제가 있거나 완전하지 않은 녹화물을 얻을 수 밖에 없다.

연구자는 녹화 기계의 작동방식에 대해서 정확하게 알고 있어야 한다. 그래야 문제가 발생할 경우 곧바로 문제의 원인을 확인할 수 있고 문제를 해결할 수 있다. 가장 좋은 방법은 녹화 기계에 문제가 있을 때 그것을 대체할 수 있는 녹화 기계를 추가로 갖추고 있는 것이다. 녹화가 진행되는 공간에서 시험적으로 녹화를 해 보는 것이 좋다. 이때 모든 대화 참여자들이 동일한 음질로 녹화가 되는지, 마이크가 최상으로 설치되어 있는지, 조명이 비디오 녹화를 하는 데 충분한지(역광은 피하는 것이 좋음!), 스텐드 카메라가 상호작용의 과정 안에 있는 참여자들에게 중요하게 될 공간과 사건을 다 비추고 있는지 등에 관해서 시험해 보아야 한 다(Meier 1998). 대화참여자가 세 명 이상인 경우 (특히 비디오 녹화가 아닐 경우) 스테레오 마이크를 사용하는 것이 좋으며, 이동 마이크를 사용한다면 더욱 좋다. 그렇지 않을 경우는 누가 발화를 했는지 구별하기 어렵다. 이동 중에 있는 여러 명의 행위자를 녹화할 때에도 역시 이동 마이크를 사용하는 것이 좋다. 기록을 위해서 휴대용 비디오 믹서가 필요하다. 비디오로 녹화할 경우, 비디오 녹화와 동시에 추가로 녹음기를 이용하여 녹음을 하는 것이 좋다. 비디오 녹화는 음향의 질이 떨어지는 경우가 많기 때문이다. 마이크는 진동이 없는 곳에 설치해야 하며, 대화와 관계가 없는 소리가 녹음되지 않도록 설치해야 한다(예를 들면 식탁에 마이크를 설치하지 말고 식탁 위에 매달아 둔다). 음향을 녹음할 때 고화질 콤팩트 비디오 카세트 또는 디지털 오디오 테이프를 사용한다. 테이프는 장시간용을 사용한다.(녹음 테이프의 경우 90~120분 그리고 비디오 테이프의 경우 240분) 그렇지 않으면 테이프를 교환할 때 녹음이 끊어지거나 간혹 테이프 교환을 잊어버리기도 한다. 또한 테이프를 교환할 때 피연구자가 새로이 녹음을 한다는 사실에 주의를 기울이게 된다. 녹화가 끝나면 곧바로 사본을 만들어 두어야 한다. 원본은 안전한 곳에 보관하고 복사본을 만들 때만 이용한다. 전사를 하거나 분석할 때 그리고 사람들에게 장면을 보여줄 때는 항상 사본을 이용한다. 또한 개인 신상을 보호하기 위해서 허가를 받은 프로젝트 참여자만이 녹음테이프를 다룰 수 있도록 해야 한다.

자료의 완전성

대화를 내용적으로 관찰하려고 하는 것에 익숙해 있기 때문에 대화 시작 전의 상황과 발화, 대화 사이의 휴지 그리고 대화가 끝나고 난 뒤의 상황과 발화 등을 대수롭지 않게 여기고, 주로 관심을 두고 있는 대화의 핵심만을 녹화하려는 유혹에 쉽게 빠진다. 그러나 바로 그러한 사소해 보이는 대화의 주변적 상황들이 대화의 근본적이고 전체적인 내용을 밝혀주는 사례가 많다. 예를 들면 인사를 함으로써 관계가 표시되고, 대화의 상황과 목적에 대한 논의가 이루어지며, 대화의 질에 대한 평가가 표현되기도 한다. 대화가 어떤 상황에서 이루어지게 되었고, 어떻게 시작되었으며, 피연구자가 대화를 어떻게 해석하는가 등에 관해서 잘 알지 못하면 대화의 내용적 측면을 제대로 파악할 수 없는 것이 보통이다. 그렇기 때문에 대화 시작 전부터 녹화하는 것이 좋다. 예를 들어 인터뷰를 녹화할 경우 첫 번째 질문을 할 때부터 녹화할 것이 아니라, 인터뷰 장소에 도착할 때부터 시작하는 것이 좋다. 아니면 늦어도 연구의 목적과 연구의 진행 과정 등을 설명할 때부터 녹화해야 한다. 하지만 그렇게 하면 녹화를 위해서 피연구자의 동의를 먼저 받아야 한다는 원칙을 위배하게 되는 문제가 발생한다. 마찬가지로 녹화는 대화참여자들이 서로 작별 인사를 하고 그 장소를 떠나고 난 이후에 마치도록 한다.

또한 대화가 진행되는 중에 영향을 끼칠 수도 있고 대화 행동들을 이해하는 데 필요한 여러 자료들(예:문서, 그림)과 장소에 대한 상황 파악(예:실내장식, 실내에서 키우는 동물들)에 대해서도 가능하면 기록을 남겨두는 것이 좋다.3) 어떤 경우라도 대화참여자들의 좌석 위치는 파악해

---

3) 발렌(Whalen 1995)은 전화로 응급요청을 할 때 응급전화를 받는 사람이 이행해야 할 규

두어야 한다. 대화 현장에 특정 물건이 있는지에 대해서 여러 모로 파악해야 할 뿐만 아니라, 언제 무슨 사건이 발생했고 대화참여자가 언제 어느 물건과 관련하여 행위를 하였는가를 기록하는 것도 중요하다. 대화 활동과 여타 사건과의 시간적 연계(예:텔레비전을 보면서 대화를 하는 경우, Klemm 1998)에 대한 기록은 여러 자료를 제공하는 장비를 동시에 연계해야 하는 경우가 많다(비디오 믹서와 화면 분리기(screen divider)를 이용한 비디오 출력; Meier 1998). 여기서도 또한 기술적 · 재정적으로 가능한 것인가와, 그에 따른 시도 · 실행 가능성이 있는가를 연계하여 고려해 보아야 한다. 연구 참여자에게 주어진 사전 정보(예:연구의 목적에 관한 설명)와 피연구자 또는 동의를 한 기관과의 편지 교환도 또한 보관해 놓아야 한다.

대화에 대한 첫 번째 인상

연구 참여자가 직접 대화에 참여하는 경우에는 곧바로 연구자가 받은 첫 번째 인상에 대해서 기록을 해 두어야 한다. 무엇이 눈에 띄었는지, 무엇에 마음이 쓰였는지 또는 혼란스럽게 하였는지 등에 대한 첫 인상을 자가검열 없이 기록해야 한다. 자신의 기분이나 사람들과의 특별한 긴장감이나 불확신성 그리고 적극적 참여 등이 느껴지는 대화의 순간들에 대한 평가도 기록해야 한다. 처음의 인상이 나중의 분석에 매우 중요할 수도 있다. 그러한 것 가운데는 나중에 너무도 당연하여 더 이상 언급되지도 않는(또는 언급될 수도 없는) 것도 많고, 해석을 위한 최초의 가설을 세우는 데 도움이 되기도 한다(예:어떻게 해서 특정한 인상을 받게 되었는가? 어떤 이유로 참여자로서 기분이 좋지 않게 느꼈는가?). 대화의 전체적인 인상은 상세 분석에서 고려되지 않거나 수많은 개별 사항들에 의해서 의미가 퇴색되기는 하지만 대화 분석을 위해서는 역시 매우 중요하

칙에 따라서 대화를 이행하는지에 대해서 잘 보여주고 있다.

다. 여기에 대화분석에서 전체적 조건으로 여겨지는 녹화의 상황과 여러 연구의 상호관련성에 대한 관찰도 기록을 해 두어야 한다.

자료의 양

대화분석 연구는 개별 경우들을 세밀하게 분석하는 것이 중요하다. 수많은 표본 조사를 한다고 해서 연구의 질이 높아지지는 않는다. 특히 양적 연구의 표준에 대해 공부하고 이에 대한 실제적 연구에는 익숙하지만 해석적 연구 영역에서는 아직 초보적인 연구자는 자료로서 요구되는 사례의 숫자에 지나치게 높은 가치를 두는 경향이 있다. 그리고 하나의 특정 사례에 기울이는 노력과 그것을 귀중하게 생각하고 분석을 위해서 준비하며 분석하는 것을 대수롭지 않게 생각한다. 많은 양의 자료를 녹화하고 전사하였지만 그 중에서 조금밖에는 분석이 되지 않는 경우도 자주 있다. 뿐만 아니라 체계적인 분석을 위한 시간이 전혀 없는 경우도 많다.

실제로 분석할 양보다는 많은 수의 대화를 녹화하는 것이 좋다.4) 채집한 자료의 질이 좋지 않을 수도 있고, 동기가 부여되지 않은 피연구자나 연구 상황으로 인해서 언제든지 문제가 발생할 수 있다. 많은 연구 과제에서 전체 연구 자료를 단숨에 채집하는 것은 필요하지도 않고 바람직하지도 않다. 평가는 최초로 채집한 사례부터 시작할 수 있고, 그리고 나서 자료에 의거하면서 추후의 자료 채집을 유도하는 질문과 가설로 이어갈 수 있다.(예:녹화 조건들의 변화, 대화참여자 또는 상황 자질들의 체계적인 변화). 이러한 'theoretical sampling'5)의 원칙(Kelle/Kluge

---

4) 인터뷰, 치료대화, 집단토론 등이 질적 연구의 틀에서 연구될 때 5~10개의 대화 단위를 녹화하고 그 목록을 작성해야 한다. 그 중에서 대개 세 단위 정도가 전사되고 분석에 실제로 이용된다.

5) 'theoretical sampling'은 기존의 연구결과나 앞으로 시험해 볼 가설에 의존한 자료의 수집을 의미한다.

1999; Strauss 1991; 아래의 6.5를 참조)에 따른 자료의 선택과 평가 그리고 이론은 단 한 번만 순차적으로 이루어지는 연구과정의 단계를 뜻하는 것이 아니라, 여러 차례에 걸쳐서 반복되는 것이다.

이미 준비되어 있는 분석 자료의 이용

대화분석을 위한 자료를 마련하는 것은 공이 많이 드는 작업이므로 이미 만들어진 분석 자료(=자연 언어의 기록을 컴퓨터로 이용할 수 있도록 수집해 놓은 자료)를 이용할 수 있는지에 대해서 알아 볼 필요가 있다. 기존의 분석 자료는 전체 연구의 토대로 이용할 수도 있고 아니면 보충하거나 비교하기 위해 사용할 수도 있다. 현재 많은 양의 분석 자료가 책, 녹음 테이프, 인터넷 사이트, 또는 CD의 형태로 누구나 이용할 수 있게 되어 있다. 또한 연구 기관의 허가 하에 사용할 수 있는 자료들도 많이 있다.

가장 잘 알려진 대화분석 자료는 영국의 '런던 코퍼스'(London-Corpus (Svartvik/Quirk 1980))와 '독일 표준 구어 텍스트(Texte gesprochener deutscher Standardspache) I-IV'(1971ff.) 이다. 그 외에도 상담 대화, 청소년 대화, 또는 기업 커뮤니케이션 등과 같이 특수 대화 유형이나 화자 집단에 따른 분석 자료가 있다. 이 중에 많은 자료들이 튀빙겐 소재 니마이어 출판사의 Phonai 연구 총서로 출판이 되었다. 독일에서 최대의 분석 자료를 소장하고 있는 곳은 만하임에 있는 독일 언어 연구소이다. 독일 언어 연구소는 현재 분석 자료들을 컴퓨터로 검색할 수 있도록 작업을 하고 있고, 부분적으로는(텍스트와 오디오) 데이터 뱅크의 형태로 이용할 수도 있다. 또한 컴퓨터로 자료를 통사·형태론적 분석할 수도 있도록 하고 있다. 유감스럽게도 지금까지는 이용할 수 있거나 현존하는 분석 자료들이 중앙 집중식으로 정리되어 있지는 않다. 독일어권의 분석 자료에 대해서는 Wagener/Bausch(1997)에, 그리고 영미권의 분석 자료에 대해서는 Edwards/Lampert(1994)와 Johansson/Stenström(1991)에서 자세하게 살펴볼 수 있다.

타인의 분석 자료를 이용할 경우 반드시 고려해야 할 점은 전사의 방법과 정확성이 매우 다양하다는 것이다. 경우에 따라서 전사 자료만 이용할 수 있을 뿐 음성 또는 비디오 자료는 이용할 수 없거나 녹취된 대화의 주변 상황에 대한 자료(대화참여자와 녹화 날짜, 대화의 계기 등)의 기록 정도가 다를 수 있다. 또한 앞서 논의한 바와 같이 자료를 녹화할 때 지켜야할 원칙들이 타인의 자료에서 얼마만큼 잘 지켜졌는가도 대개는 불확실하다는 점도 고려해야 한다.

분석 자료로 이용할 자료 만들기 **4**

획득한 자료의 분량은 빠른 속도로 늘어난다. 그렇기 때문에 자료는 처음부터 빠른 시간에 총괄적으로 파악할 수 있고, 특정 연구 과제에 중요한 위치를 빨리 찾을 수 있도록 하며, 대화의 어떤 부분이 자세하게 연구되어야 할 지에 대한 결정을 확고하게 하도록 정리가 되어있어야 한다. 자료의 정리는 네 단계를 거쳐서 이루어진다.

- 대화 목록의 작성(4.1)
- 연구 목적의 보다 상세한 규정(4.2)
- 분석될 부분의 선별(4.2)
- 전사(5)

이러한 정리의 과정에서 평가를 위한 물적 토대만 마련해서는 안된다. 이 과정에서 대화와 친숙해져야 하고 흥미로운 현상을 발견해야 한다. 또 그러한 현상들의 다양한 변이 형태에 대해서 배워야하고 연구를 위한 아이디어와 가설을 개발해야 한다.

우선 **자료 보호를 위해** 모종의 조치를 취해야 한다. 대중매체에서 이루어진 대화 이외의 모든 자료는 **익명으로** 처리해야 한다. 이름, 장소, 회사명, 날짜, 그 외의 사항들(예:직업명, 차량 번호판, 경제적 가치)은 녹화된 사람들이나 기관을 파악할 수 있는 근거가 되므로 다른 문자나 기호로 대체해야 한다. 가명으로 처리할 경우 한 사람의 가명은 전체 대화에서 항상 같아야 한다. 가명을 만들 수 있는 공식을 만들어서 가명과 본래의 이름이 체계적으로 일치하도록 한다.

대체된 표현에 들어 있는 정보가 사라지지 않도록 하는 데 도움이 되는 다음 몇 개의 규칙들이 유용하게 이용될 수 있다.
- 발화의 운율적 특성을 그대로 간직하기 위해서 암호 음절의 수도 대체된 표현이 가지고 있는 음절의 수와 같아야 한다.
- 민족적 또는 지역적 특성(예:터키 이름), 애칭, 압축, '호칭(telling names)' 등과 같은 자질들은 대체하는 표현으로 제시되어야 한다.
- 직업과 관련된 특권, 지위, 교육의 정도 등과 같은 사회적으로 중요한 자질들은 대체되는 표현에 들어있어야 한다.

4.1 대화 목록의 작성

하나의 대화 목록은 두 부분, 즉 개별 대화의 표지와 대화 진행 과정의 목록으로 이루어진다.

표지는 대화 녹화 자료를 확인할 수 있는 표지이다(도표 1). 이 표지에는 대화 녹화와 대화 녹화의 처리와 관련한 자료에 관한 가장 중요한 정보가 들어 있다. 표지에는 다음과 같은 것들이 포함된다.

- 대화 상황에 관한 정보 : 전체 분석 자료 안에서 대화의 제목과 번호, 녹화 장소, 녹화 날짜, 녹화 시간, 참여자, 대화의 지속 기간(경우에 따라서 개별 대화 부분의 지속 시간)
- 화자의 암호화 : 모든 화자는 익명 또는 경우에 따라서 압축 암호로 표기한다(위 참조).
- 이미 전사된 대화의 부분에 관한 정보 : 전사 담당자의 이름, 전사의 검사
- 녹화와 장비(녹화 장비)에 관한 일반적인 정보(오디오, 비디오)

여기에 다음과 같은 것들을 기록해야 한다.

- 녹화의 대부분을 차지하는 테이프의 질에 관한 정보
- 예를 들어 피연구자의 요청에 의해서 지워진 부분 또는 장비가 고장이 났을 때와 관련한 녹화의 완전성에 관한 정보
- 대화의 중단, 중간에서 발생한 분규, 개별 대화참여자의 이탈
- 전체 녹화에 적용되는 개별 화자의 특징, 예: 특정 방언 사용 또는 "매우 작은 목소리로 이야기 함"

대화 진행 과정 목록(도표 2)은 다음과 같은 연구 단계를 위한 기초로 이용된다. 이 목록은 여러 가지 목적을 가지고 있다.

- 전체 대화를 빠른 시간에 파악할 수 있도록 한다.
- 연구 과제와 관련된 위치의 체계적인 접근, 특히 비교될 만한 위치를 쉽게 찾을 수 있도록 한다.(예:어디에 같은 현상 또는 반대되는 현상이 있는가? 어디에 같은 주제가 언급되어 있는가?).
- 상세 분석에서 쉽게 간과하는 거시적 대화진행 상황을 인식하게 한다.
- 전사될 부분을 명확하게 표시할 수 있다.
- 전사하지 않은 부분의 진행 양상에 관해서 판단할 수 있다.
- 대화를 전체적으로 파악하고 전국적이고 적절한 말로 바꾸어 쓰는데 기초로 활용할 수 있다.

모든 대화를 위한 대화진행 목록은 보통 여섯 칸으로 이루어진 도표를 이용한다.

- '시간' 난에는 녹화시간 이후에 지나간 시간(녹화가 시작된 이후의 시간 인가요?) 또는 비디오 녹화 테이프에 쓰여져 있는 시간을 기록한다.
- '전사 페이지'('전사 줄')에는 전사가 존재하는지 그리고 그 전사의 어느 곳에 관련된 대화의 부분이 있는지를 기록한다.

도표 1.

대화목록의 표지	
대화의 이름과 번호	버스정류장 스카터할레/프로젝트 9
녹화 날짜와 시간	1998년 10월 2일 22시 (반대쪽)
녹화 시간	갈 때 40분 그리고 올 때 35분
녹화 장소	토비아스의 버스 안에서
대화참여자	마티아스 = 안드레아스(AN) ; 디터 = 페터(PE) ; 도란 = 무라트(MU) ; 토비아스 슐츠 = 악셀 (AX)
음성 녹음	있음 없음 없는 부분: 돌아오는 길의 녹음은 출발하고 5분이 지나서야 시작함
비디오 녹음	있음 없음 없는 부분
상황 설명	토비아스의 버스를 타고 버스정류장 스카터할레로 가는 도중에
일반 사항	자동차의 엔진 소리 때문에 부분적으로 이해하기가 매우 어려움; PE는 녹음을 하고 있는 대부분의 시간 동안 거의 이해하기 어려울 정도로 낮은 목소리로 노래를 함 AN은 강한 남부 헤센지방의 방언을 사용
전사	카세트테이프 1면: 3:30-7:45분과 20:00-28:50
전사자	클라라 젝틴
전사 자료 검토	토비아스 슐츠

도표 2

시간	전사 페이지	화자	내용 - 행위	메모	연구 과제
0:00		전원	차량에 승차, 좌석다툼, MU 마이크에 대고 말함	녹음에 관한 주제로 이야 기함	
0:50		AN, PE	출발; 자동차의 상태에 대한 불만토로 "Nix in de Köpp die Studentenköpp"		사회적 경계 설정
1:50		AN, PE, MU	카드놀이 시작; 지나가는 사람들에 대한 비하적 발언 동료 학생들에 관한 이야기		사회적 경계 설정 픽션 발화 재현
4:30		AN, PE, MU	담배와 자동차 내에서 흡연에 관 한 다툼; PE 조용히 노래함		다툼
5:00		전원	가장 효과적으로 목적지에 갈 수 있는 방법과 운행시간에 관한 토론	부분적으로 이해하기 어려움	다툼
6:50			주유를 하는 동안 휴식		
8:50		AN, MU	감자칩을 먹음, 잡지를 서로 읽어줌, 대중매체에 관해서 정보를 교환하 고 잡지의 기사를 비웃음	먹는 소리가 시끄럽게 남	대중매체

- '화자' 난에는 표지에 약정을 해 둔 약호를 사용한다. 두 명 이상의 화자
 가 참여한 경우, 많은 부분에서는 전체를 화자로 하거나 참가자 두 명
 사이의 짧은 대화를 기록하면 충분하다.
- '내용/행위' 난에는 핵심적 대화 주제와 대화 단계(예:시작/참여자 소
 개, 다툼에 관한 에피소드, 부연속체)를 기록해 둔다. 이에 대한 기술은
 단순하고 짧은 표제어 형식으로 한다. 짧고 간결한 화자의 발화는 직접

인용으로 처리한다. 대화의 내용에 대한 발화가 이루어지지 않는 단계
는 수행한 행위를 기준으로 기술한다(예:지나가는 사람들에게 욕하기,
조롱하기, 작별)
- '메모' 난에는 분석에 도움이 될 만한 여러 유형의 눈에 띄는 사건 또는
상황을 기록한다. 예:

  - 비언어적, 언어 부가적 현상들
    (예:"서류 뒤척이기", "웃음 소동", "흥분", "매우 작은/큰 소리로 말함")
  - 좋지 않은 녹음 테이프의 음질과 화질
  - 특별히 눈에 띄는 표현
  - 기이하고 적절하지 않은 행동양식
  - 대화 분위기의 변화("대화가 점차 빠르게 진행된다", "공격적")
  - 대화참여자들의 왕래
  - 소음 또는 제 삼자에 의한 녹화의 방해

- '연구 과제'의 난에는 대화의 부분에 연구되어야 할 특정 현상을 기록한
다. 이 곳은 자료를 계속적으로 처리하면서 기록되는 경우가 많다.

  목록화할 때 압축의 수준을 지나치게 높게 해서는 안 된다. 녹화의 질에 따라
각각 다르겠지만 대화보다 세 배 이상 긴 것은 좋지 않다. 한 쪽의 목록은 약 5~
10분의 녹화 분량이 좋다.

목록화는 짧은 전사를 의미하는 것이 아니다. 대화의 부분에 대한 기
술과 목록화 과정에서 확인된 흥미로운 현상들은 **절대 최종적인 것으로**
파악하지 말고 상세하게 분석하는 과정에서(6) 다시 살펴보아야 한다.
이때 해석·분류한 것에 대한 수정이 있을 수 있다.

4.2 연구 목적과 분석 부분의 보다 상세한 규정

목록은 자료를 개괄하며, 흥미로운 현상에 대한 최초의 접근을 쉽게 한다. 대화는 기대한 것과 매우 다르게 진행되는 경우가 많고, 혼란스럽거나 전국적인 인상(예:개별 참여자 또는 대화의 단계와 관련하여)을 주기 때문에 보다 상세하게 연구해야 한다. 이러한 배경 때문에 처음 설정한 연구 과제를 다시 한 번 숙고해보고, 보다 정밀하게 설정해야 한다.

- 연구 과제가 실제로 연구될 만한 것인가?
- 연구 과제의 범위가 포괄적으로 설정되어 있기 때문에 보다 정밀하게 설정되어야 하는가? 연구 과제는 여러 개의 연구 과제로 나눌 수 있는가?
- 연구 과제에 관한 기존의 연구 결과가 있는가?
- 연구 과제는 정말 중요한가? 대화를 지배하는 완전히 다른 것들이 대화 참가자들에게 중요한 것은 아닌가?

이러한 단계는 가능하면 연구 모임이나 동료 연구원 또는 지도교수 등과 토론하면서 이루어져야 한다. 이때 연구자는 자료에 대한 자신의 인상과 판단에 대해서 표현해야 하고, 연구 과제를 보다 상세하게 규정하기 위한 아이디어를 개발해야 하며 문제점들과 대안들에 대해서 언급해야 한다.

연구가 진행되면서 연구 과제가 발전되기 때문에 여기서는 최종적 판단이 요구되지 않는다. 오히려 여기서 중요한 것은 분석 작업을 시작할 수 있는 대화의 부분들을 먼저 선택함으로써 무엇을 연구할 것인가에 관한 관심을 구체화시키는 일이다. 이렇게 하면 대화의 어떤 부분들을 전사할 것인가를 확정할 수 있다. 다음에 대화의 부분을 **선별**하기 위한 개략적인 규칙들을 알아본다.

- **핵심적 연구 과제와 직접 관련이 있는** 대화의 부분들을 가려내야 한다. 특히 대화참여자가 흥미로운 현상들에 대해서 구체적인 발화로 언급한 것, 즉 **민족지학적 범주**로 활동을 하는 대화의 부분이 중요하다.(예:신뢰성이 연구의 대상일 때, 대화참여자가 거짓말이라고 책망하는 부분; 감정 표현법이 연구의 대상일 때, 감정에 대한 주제를 다루는 부분). 또 복합적 문제에 대해서 특히 중심적이고 명확한 사례로 여겨지는 부분들도 가려내야 한다.
- 주제 또는 행위 논리적으로 완결된 단위들을 선별해야 한다. 이러한 단위들의 경계는 참여자들에 의해서 명확히 인식할 수 있는 시작과 종료가 표시된다(예:다른 대화의 중간에 삽입된 인터뷰, 참여자 소개, 갈등의 계기와 전개 그리고 해소, 질문, 대답 그리고 대답에 대한 반응). 대화의 진행 과정에서 나타나는 그러한 **'자연적' 경계선**이 고려되지 않는다면, 결정적인 행위의 전제 조건이 무시되고 대화 부분의 문맥과 관련된 동기가 더 이상 재구성될 수 없기 때문에 잘못된 해석을 할 수 있는 위험이 발생한다.
- 연구 과제를 다룰 때 많은 경우 **대화의 시작**부터 살펴보는 것이 좋다. (예:상호작용의 관계 또는 자기소개에 관심이 있을 때) 그렇지 않을 경우 적어도 연구할 주제 또는 문제가 최초로 나타날 때부터 살펴보아 야 한다. 대화의 **시작 부분**은 연구 과제를 해결하는 데 도움이 되는 경우가 많다. 이 부분에서 특히 대화의 진행에 중요한 역할을 하는 대화의 틀이 형성된다. 그렇기 때문에 그것을 도외시하면 분석에서 문제가 생기고 오류나 불확실성이 초래된다. 반면에 피연구자가 녹화에 따른 영향을 덜 받는 녹화의 **종료 부분**을 선별하는 것도 효과적인 경우가 많다.
- 선별된 것을 분석하는 데 결정적일 수 있는 사건이 **제외**된 대화의 여러 부분에서 일어났을 위험이 있을 수 있다. 그렇기 때문에 어떤 부분이 덜 중요하게 생각되는 **이유**가 무엇인지 숙고해야 한다. 동시에 고려되어야 하는 것은 어떤 경우라도 모든 대화의 부분들을 동일한 정도로 집중해서 평가할 수 없다는 것이다! 선별에 대한 결정은 반드시 필요하다.

선별은 **단 한 번의 과정**으로 이루어져서는 안 된다. 효과적인 방법은 대화가 시작된 첫 부분부터 분석하고 최초의 결과가 나온 이후에 다음 단계에서 무엇을 연구하고 그에 따라서 어떤 자료를 선택해야 할 것인지를 결정하는 것이다. 이런 방식을 따르면 시간은 많이 소요되겠지만, 나중에 사용하지 않을 자료를 전사하는 수고를 하지 않아도 된다.

유형 분류 또는 하나의 현상이 나타나는 모든 곳을 철저하게 파악하는 것이 연구 과제라면 (6.5 참조), 그 연구 과제에 필요한 모든 부분들을 **수집**하는 것이 매우 효과적이다(예:보건 정책과 관련된 논쟁에서 수량화되는 모든 발화들 Potter/Wetherell 1994). 이러한 방법은 특히 차후 연구의 진행 과정과 관련 없이 확증된 매우 표층적 자질들을 연구할 때, 또는 특정 대화 내용이 주제화된 모든 부분을 파악하려고 할 때 권장된다. 부분들이 수집되었으면 그것들을 다시 **하위 유형**으로 분류해야 하고, 하위 유형에 대한 각각의 사례를 찾아내야 한다(예:절대적 대 상대적 수량에 대한 정보). 그러한 사례들은 6.2에서 소개될 원칙에 따라 상세하게 분석될 예정이다.

수집을 할 때에 상세 분석으로부터 얻지 않은 범주들을 연구하고 있는 대화의 중요한 구조로 성급하게 규정하는 위험이 있다. 그렇지만 관계가 있는 사건들의 범위를 파악하고 그것들을 유형학적으로 개략적인 구분을 하는 데, 또한 경우에 따라서 이어지는 선별과 경계를 구분하는 데 필요한 결정을 내릴 때 수집은 유리하게 작용할 수도 있다. 이때 대개 다른 등급의 관점이 참조되어야 한다(예:절대적 대 상대적 빈도, 숫자에 관한 주장 대 반박). 또 범주의 포함 관계도 등급화될 수 있다(수량 제시 〉 번호를 매긴 수량 제시 〉 절대적 수량 제시; Potter/Wetherell 1994 참조). 수많은 자료의 부분들을 서로 비교하면서 비교적 빠르고, 또 자료에 근거하여 대화의 실행방법과 문제처리 등의 다양한 변이 형태를 구분할 수 있는 기준을 얻을 수 있다. 여기에서 얻은 지식은 이어지는 상세 분석에서 이용될 수 있고 성급한 일반화를 사전에 막아준다.

'전사'란 청각 또는 시청각 대화 자료를 규정된 규칙에 따라서 문자화하는 것을 말한다. 이 장에서는 다음의 사항들이 논의된다.

- 대화분석에서 전사가 왜 필요한가(5.1)?
- 대화의 어떤 자질들이 전사에 포함되어야 하는가(5.2)?
- 전사의 체계들을 어떻게 연구 과제에 적용시켜야 하는가(5.2)?

5.1 전사의 목적

대화가 입말로 수행된다는 사실은 누구나 다 아는 사실이다. 그러나 이러한 사실은 대화의 기록이나 분석에 큰 영향을 미친다. 전사는 청각적 (경우에 따라서 또한 시각적) 매체로 일어난 일을 다른 (그래픽) 매체로 표현하는 것이 주된 일이다. **구어**에서 **문자**로의 매체 전이를 할 때, 정서법과 문법적 규칙을 바탕으로 하는 표준 문자 언어에 관한 우리들의 언어관과 훌륭한 '표준 언어'에 관한 관념 때문에 언제나 어려움을 겪게 된다(Fiehler 1994). 그러한 정확성의 표준 가운데 대화에는 적용되지 않는 것들이 많이 있다. 일상 대화에서는 표현의 교정, 낱말과 문장들의 중단 현상, 감탄사, 지연, 침묵 단계, 사투리 발음 그리고 현재의 문자 언어적 문법의 관점으로 실수와 변칙적 현상이라고 간주되는 것들이 매우 흔하게 나타난다. 그러한 이유로 오랜 기간 동안 대화는 상세하게 그리고 학문적으로 연구하기에는 너무 무질서한 것으로 여겨졌다. 그러나 회화분석론과 언어학적 입말연구론은 겉으로 보기에는 무질서하고 의미가 없어 보이는 그러한 현상들이 체계화될 수 있고, 사용과 해석이 규칙에 의거하고 있음을 보여주었다(개괄서:Schwittala 1997). 예를 들면 청자는 다양한 강세를 지니는 감탄사(예:음, 음음, 아)로 화자에게 매우 다른 반응을 보인다(Ehlich 1986, Schegloff 1982). 또 침묵은 나타나는 위치와 길이 그리고 이어서 진행되는 대화에 따라서 매우 다양한 의미를 지닌다(Meise 1996).

그러한 것들은 '모든 지점에서의 질서(order at all points)' (Sacks 1984, Bergmann 1988b)라는 분석의 전제를 바탕으로 해야만 발견된다. 이것은 모든 상세한 것들이 의미가 있는 것이고, 어떠한 것도 처음부터 우연하거나 중요하지 않은 것으로 생각하여 배제하지 않음을 의미한다. 이것은 문자 언어의 규범이나 또는 여타(예:내용적)의 기대로부터 벗어나는 현상들이 입말에 알맞게 개발된 전사법에 따라 정확하고 체계적으로 기록되고 문자 언어에 따라 '교정'되지 않을 때만 가능한 것이다. 정확한 청취 그리고 상세한 것들이 아무리 이상하거나 서로 모순되며 또는 의미가 전혀 없는 것들로 보일지라도 그것들을 '겸손하게' 기록하려는 연습이 필요하다. 전사를 하는 사람은 잘못된 부분을 지우기, 교정된 부분의 제거, 단절된 부분을 잇기, 비문법적인 것들의 교정, 휴지의 제거, 겹침의 분리 등을 함으로써 "대화에 질서를 창출"하려고 해서는 안 된다.

전사 자료는 오디오와 비디오 녹화에 비해서 단점과 문제점을 보이기도 한다(아래를 참조). 그럼에도 불구하고 전사 자료는 정보 보호법과 매체적 이유 때문에 반드시 필요하다. 지금까지는 오디오와 비디오의 자료가 보통의 출판 형태(책, 잡지)로 거의 출판되지 않았기 때문이다. 전사 자료는 실제의 평가를 할 때도 장점이 있다. 전사 자료는 **외연적이고 임의적으로 얼마든지 반복 가능하게** 자료의 부분들을 분석할 수 있게 한다. 이에 반해서 오디오와 비디오 자료는 이것들이 시간적인 역동성을 가지고 있고, 지나치게 빠르게 재현되기 때문에 다루기가 복잡하고(테이프를 앞과 뒤로 이동하기), 분석자의 일정하지 않은 주의력과 기억력에 더 많이 의존해야 한다. 그에 비해 전사 자료는 진행 과정을 손쉽게 개괄할 수 있고, 자료의 부분들을 다양한 관점에서 얼마든지 길게 연구할 수 있다. 또 텍스트의 여러 부분들을 동시에 비교하거나 부분들을 한 곳에 모아 비교할 수도 있다. 결과적으로 전사는 해석에 결정적인 자질을 어떻게 **기술할** 것인가에 대해서 정확하게 설명할 수 있어야 한다. 그러한 설명이 대화의 진행 과정에서 보이는 특성과 관련성에 대한 가정에 관해서 학문적으로 논의할 수 있는(그리고 단지 느낌에 의할 뿐 인지과정을 통해서 인식되지 않은 인상과 추측에 머무르지 않게 하는) 전제 조건이다.

5.2 전사의 체계

전사 자료가 다른 표현 양식(예:바꿔 쓰기, 약호화, 평가의 규모 등)과 비교하면 실제 대화의 모습을 가장 가깝게 재현하기는 하지만, 대화의 진행 과정을 직접적으로 재현하는 것은 아니다. 전사 자료는 언제나 선별적이며, 수행된 대화의 전체 중에서 특정 부분을 추상화하는 것에 불과하며 선별된 언어활동에 국한시킨 것에 불과할 뿐이다.6) 무엇을 어떻게 전사할 것인가에 관한 문제는 언제나 입말의(충분히 숙고하지 않았거나 단편적인 경우가 많기는 하지만) 이론과 대화에 관한 특정 해석을 내포하고 있다(Ochs 1979)[7]. 그 이론은 전사를 위한 협약에 의해서 근본적으로 결정된다. 이 협약은 음향적 현상들을 어떻게 문자로 재현할 것인가를 결정한다.

우선 GAT(Das gesprächsanalytisches Transkriptionssystem '대화분석을 위한 전사 체계')를 예로 들어 언어 상호작용을 전사하는 데 가장 중요한 요인들을 소개한다. 그리고 나서 전사 구성성의 여러 양상에 대해 토론하도록 하겠다. 이어서 전사 체계가 연구 맥락에 적용되는 기준에 대해서 논의한다.

대화분석 연구를 위한
전사 체계에서 언어 상호작용의 재현(GAT는 별첨 참조)

전사 체계에는 원칙적으로 서로 모순되는 요구들이 포함되어 있다. 실제적이고 분석적인 관점에서는 전사 체계가 초보자들에게도 쉽게 해독·습득될 수 있어야 하며 현재 많이 사용되고 있는 워드 프로그램으로도 문제없이 작업을 할 수 있어야 한다. 반면에 대상과 이론적 관점에서는 포괄적이고 정밀해야 하며 음향적 현상에 대해서 가능한 해석을 배제하고 실제의 소리를 재현하는 형태적 파라미터의 표현이 요구된다. 내가 보기에는 대화분석을 위한 전시 체계((GAT) Selting et al. 1998)가

---

6) 물론 대화참여자의 지각도 언제나 선별적일 뿐이다. 전사 자료에 재현되어 있는 것들 중에는 대화참여자가 인지하지 못하는 것도 있다.

7) 전혀 모르는 언어로 수행되는 대화를 전시해보면 단순히 청각적 감각에 의존하는 것으로 보이는 전사 활동이 얼마나 이론과 지식에 의존하고 있는 가를 단적으로 알게 된다! 소리의 연결을 확인하고 재현하는 것조차도 대개는 어려운 일이고 낱말의 경계를 확정하는 것은 거의 불가능하다.

가장 좋은 기준들을 제시하고 있다.[8] 또한 GAT는 연구 목적에 따라서 각각 다른 방법으로 전사할 수 있는 장치를 마련해 놓고 있다.

하나의 전사는 세 개의 칸으로 이루어져 있다. 첫째 칸은 줄의 순차적 번호가, 둘째 칸은 화자의 약호가 그리고 셋째 칸은 화자의 발화가 기재된다. 화자의 발화는 아래 방향으로 순차적으로 기재된다. 개별 화자의 발화는 그 화자만을 위한 새로운 줄에 기입된다. 두 명 혹은 여러 명의 화자가 동시에 발화를 하면 겹쳐 말하기가 언제 시작되었고 종료되었는지에 대한 정보를 기입해야 한다.

소리는 **문자로 변환**해야 한다. 이때 표준 정서법에 따르기는 하지만 일상어와 사투리의 소리도 포함해야 한다. 표준적 소리에서는 벗어나지만 표준어 소리로 여겨질 수 있는 음성적 자질들은 따로 구분하여 적지 않는다. 동일한 음소의 다양한 변이 형태도 마찬가지다. 음성적 자질을 있는 그대로 정확하게 재현하는 것이 연구에 도움이 된다면 소리 그대로 전사하는 것이 좋다. 이 경우 소리는 조음 기관과 조음 방법에 따라서 재현되어야 한다(Dürr/Schlobinski 1994, 31ff.).

소리의 재현을 살펴보면 알 수 있듯이 전사는 이론 함축적이고 구성적인 표현법이다(Duranti 1997, 5장). 전사는 사람들이 낱말과 낱말을 구분하여 말을 한다는 문자 언어적 전제 조건에서 출발하는 것이다. 그러나 입말에서 소리의 생산이 낱말과 낱말 사이를 구분하면서 이루어지

---

8) 에드워즈와 램퍼트(Edwards/Lampert 1993)는 현재 많이 사용되고 있는 여타 전사 체계, 특히 독일어권 언어학계에서 잘 알려진 HIAT(에엘리히(Ehlich)와 레바인(Rehbein))의 절반 해석적 전사 체계)와 상호작용적 사회언어학(Gumperz)의 체계에 대해서 개괄적으로 소개하고 있다. 그 외에도 잘 알려진 전사 체계로는 게일 제퍼슨(Gail Jefferson)의 회화분석을 위한 전사 체계(Schlobinski 1966, 66ff.)와 독일의 해석적 사회학에서 이용되었던 캄마이어/쉿째(Kammeyer/Schütze 1976)의 전사 체계 그리고 독일어 연구소의 전사방법 등이 있다.

는 경우는 드물다. 전사가 표준 정서법으로부터 출발하기 때문에 방언으로 이루어지는 부분은 특히 일탈적인 것으로 보인다. 방언의 전사는 표준 정서법을 따르지 않기 때문에 표준어 사용자의 경우보다 소리에 더 가깝게 전사된다. 일상적 문자 언어로 전사를 하게 되면 다른 한편으로는 언어학에 익숙하지 않은 사람들도 전사를 해독할 수 있는 장점이 있다. 출판될 언어가 아닌 다른 언어로 수행된 대화의 경우 **자유 번역**의 형식을 취하거나 아니면 문법적 구조를 표시하기 위해서 **행간 번역**을 이용하여 추가로 재현하면 된다. 후자의 경우 원어의 언어 구조는 구대로 두고 언어 표현의 형태·통사적 특성들을 상세하게 설명한다.

Il n' a aucun probléme
PRO-MASC-3SG NEG-PRT 거기에-PRO-ADV 가지고 있다-3SG-PRÄ ART-INDEF 문제
'전혀 문제가 없다'

형태·통사론적 표현법은 어떤 문법 이론을 따르는 것인지, 그리고 어떤 자질들이 분석에 필요한 것으로 간주되는지에 달려있다. 어휘는 표준 문자로 번역된다. 문법 범주들은 작은 글씨체의 대문자 약호로 표시된다. 다양한 축약의 관례들이 있으므로 축약된 문자들이 무엇을 의미하는지 용어 풀이 난에서 설명을 해주어야 한다.

PRO-MASC-3SG	3인칭 남성 단수의 대명사
NEG-PRT	부정 불변화사
PRO-ADV	대부사
SG-PRÄ	3인칭 단수 현재형
ART-INDEF	부정 관사

언어 상호작용의 구조적이고 의미를 지니는 근본적 특성을 파악하는 데 가장 중요한 **운율적 파라미터**를 기록해야 한다. 운율에 속하는 것으로는 이른바 발화의 비분절적 요소가 있는데, 이것은 여러 음소에 걸쳐서 영향력을 갖는다. 운율은 청각적 파라미터와 빈도 그리고 강세와 길

이에 의해서 만들어진다(Selting 출판 준비중).

- **휴지**는 발화 중에 아주 짧게 발생하기도 하며 몇 초간 지속되기도 한다. 보통 휴지는 한 줄 안에 표기되어야 한다. 그 이유는 한 화자에게 휴지를 부여하는 것이 이미 하나의 해석을 의미하기 때문이다.
- **억양**은 소리 높낮이의 움직임을 의미한다. 특히 단위의 끝에 나타나는 억양이 중요하다. 억양이 발화의 행위적 특성을 결정하는 중요한 요소이기 때문이다. 예를 들면 하나의 발화는 끝에 있는 억양에 따라서 질문이 될 수도 있고 주장이 될 수도 있다. 억양은 화자교체의 조직에도 중요하다. 화자는 단위의 끝에 나타나는 억양으로 통해 계속 이야기 할 것인지 아니면 발화권을 넘길 것인지를 표시할 수 있다. 보다 정밀한 전사 자료에서는 억양에 소리 높이의 움직임과, 화자가 사용하는 저음의 높이 그리고 특이한 소리 높이의 급격한 변화 등도 추가적으로 기록할 수 있다. 전사 자료를 더 세밀하게 하면 기계를 사용한 소리 표시까지도 가능하다. f_0-익스트렉션(f_0-extraction)은[9] 발화의 기초 주파수의 진행을 지속적으로 재현하고, 주파수 스펙트럼 분석(소노그램이라고도 불림)은 발화의 진행 과정에서 나타나는 주파수 스펙트럼의 진폭과 주파수 영역의 소리 크기를 표시해 준다.
- **소리 크기**
- **말의 빠르기**는 발화의 부분들의 상호 관련성과 중요성을 표시하는 데 특히 중요하다. 개별 소리들(대개의 경우 모음)의 장음화도 추가로 표시할 수 있다.

기타 중요한 단위들은 소리의 높이와 지속 시간 그리고 분절과 소리 크기 등의 파라미터를 조합하는 데서 발생한다.

- **강세**는 소리를 더 강하게 할 뿐만 아니라 또한 동시에 소리 높이에 변화를 주고, 대개 소리 길이를 경미하게 연장하면서 나타난다. 일상적인 낱말의 특정 음절의 강조(낱말의 강세)는 별도로 기록하지 않는다. 보

---

9) 'f_0-extraction'이란 강세 중에서 저음의 주파수를 뽑아내는 것을 의미한다.

통의 경우 비강세인 음절이 강하게 발음되면 그것은 기록해야 한다. 항
상은 아니지만 자주 나타나는 문장과 상응하지 않는 억양단위의 주 강
세('necleus')가 있는 경우도 마찬가지로 기록을 한다.
- 강세와 비강세 음절의 연속과 속도는 — 많은 경우 반복되는 억양 원형
과 결합하면서 — 리듬을 만들어낸다. 리듬의 규칙적인 반복과 중단은
특수한 기록 방식을 이용하여 나타낼 수 있다. 발화의 부분을 리듬의
단위(카덴차)로 구분하고 이들의 동시성 관계에 따라서 표시한다(Auer/
Couper-Kuhlen 1994)[10].

- **목소리의 전조**(modulation 轉調)를 표시하는 데 형태와 관련된 파라
미터로는 충분하지 않다. "억눌린", "우는 소리로", "노래 조로", "날카롭
게" 또는 "쉰 목소리로" 등과 같은 자질들은 때에 따라서 운율과 음성의
기록을 통해서 암시적으로 나타낼 수도 있지만 대개의 경우 전사에 추
가적으로 상세한 설명을 통해서 나타내야 한다.

그림 3 : 기초 전사의 예

01	알렉스	**다:만** 내가 **묻고자** 하는 것은 ::- **쿠울리오**
02	알렉스	에 :: 에 내가 -(.)아는 바로=는 **흑인** 그래
03	알렉스	미국〔에서〕 왔어 맞아; (.) 그리고 아저씨들은
04	카넨	〔맞아 -〕
05		(- -)
06	나딘네	**독일사람**
07	알렉스	= **꽤** 제대로 된 **록뮤직**을 하는 독일인
08	미사	그래 :: = 〔**맞아 그 분들은 이전에**(더 강하게;)〕
09	나딘네	〔예전엔 그랬지만 지금은 아냐(…)〕
10	알렉스	〔지금은 아냐〕
11	카넨	〔그래 하 하지만 -〕

---

10) 동시성은 여러 대화참여자들의 리듬 원형의 범위가 얼마나 되는지 그리고 그것들이 사용
　　과 연속성에서 어느 정도로 동시성을 갖는가에 대한 문제와 관련이 있다.

대화 전체에 걸쳐서 나타나거나 또는 대화의 한 부분에 나타나는 특성들(대화참여자의 매우 빠르고 큰 목소리)은 전사의 머리 부분에 기록할 수 있다. 거론된 파라미터의 절대 가치보다 더 중요한 것은 대화의 진행 과정에서 나타나는 **상대적 가치와 변화**들이다("더 크게", "더 빠르게", "올라가는 억양으로" 등; 6.2., II). 그 외에도 음성적 전사에 속하는 것으로는 웃음이나 감탄사 그리고 명확하게 청취가 가능한 들숨과 날숨 및 기침과 한숨 등과 같은 **비어휘적 소리**들이다. 이러한 소리들은 일반적인 기술법(예:"웃다")으로만 표기할 수 있지만, 이들이 실현되는(특히 음성적) 양상은 상호작용에 결정적 영향을 끼칠 수 있다(Jefferson 1985).

그림 4 정밀 전사의 예

```
01  알렉스      ⌐다:만 《《점점 빨라지면서》》내가 ⌐묻고자 하는 것은 ::- 〉
02  알렉스      ↑⌐쿠울리오 에:: 에《《빠르게》》↓ 내가 -(.)이는 바로 -〉(.)
03   알렉스     =는 '흑인 그래 ⌐미국〔에서〕 왔어 맞아; (.)
04  카넨                        〔맞아 -〕
05  알렉스      그리고 ⌐아저씨들은:,
06          (- -)
07  나딘네    . hh 《《강하게》'독일사람.〉
08  알렉스    = ↑' 쩨 제대로 된
09  알렉스    '록뮤직을 하는 독일인,
```

비언어적 현상의 전사

여기에 속하는 것으로는 주위에서 들려오는 소리(텔레비전 소리, 문소리)와 ― 비디오 녹화 자료가 있는 경우 ― 물건을 가지고 하는 행위(예:책장 넘기기, 메모하기) 및 비언어적 의사소통 등이다. 비언어적 현상에 속하는 것으로 접근하기(누군가에게 가까이 다가가기), 얼굴 표정, 손짓, 눈길 및 누구에게 말을 하는지 또는 누구에게 주의를 기울이는지를 결정하는 데 중요한 얼굴의 방향 등을 들 수 있다. 보통의 경우 이러한 현상들은 동시에 수행한 발화가 표기되어 있는 줄의 아래에 따로 만든 줄에 기록한다. 길이는 활동의 시작과 종료 그리고 경우에 따라서 정점과 동시에 수행하는 언어 발화와 비교하여 표시하는(주석의 영역을 나타내주는) 기호를 이용하여 표시한다.

비언어적 현상을 전사하는 것은 언어 의사소통을 전사하는 것보다 시간과 수고로움이 더 들어가며 훨씬 더 복잡하다. 그리고 또 사전에 기술적으로 갖추어야 할 일들이 더 많다. 그 때문에 전사해야 할 대화의 범위를 한정해야 한다. 여러 명의 화자가 참여하는 대화에서는 서로 겹치고 잠재적으로 표시해야 할 사건과 일들이 매우 다양하고 많기 때문에, 전사 자료의 해독 가능성이 줄어든다. 길고 지속적으로 이루어지는 과정의 표현과 여러 명의 상호작용 참여자가 있는 경우, 비동시적이고 비음성적인 의사소통의 여러 차원에 대한 기술 그리고 무엇보다도 일종의 '닻'과 같은 역할을 할 수 있는 언어적 의사소통이 일어나지 않았을 때, 시간적 파라미터의 적절한 표현 등이 특히 어렵다. 이러한 여러 이유들로 비음성적 현상들은 선별적으로만 기록해야 한다. 작성되어 있는 여러 전사에는 비음성적 사건들이 단지 일부만 표시된다는 사실을 알고 있어야 한다. 경우에 따라서 좌석의 순서 또는 여타 장소와 관련된 사항들(또한 복장) 등과 같이 전혀 변화하지 않는 자질들도 전사의 머리 부분에 기록할 수 있다.(진행 과정을 빈틈없이 표현하기 위해서 비음성적 현상들인 박수(Atkinson 1984)나 시선 접촉(Goodwin 1981) 및 선별된 행동들이 기록되기도 한다.) 그 외에도 그림(Haviland 1996) 또는 디지털화된 (정지)사진(Health 1997)도 텍스트에 포함될 수 있다.

무엇을 전사할 것인가를 결정하기 위한 여러 기준

대화분석의 연구 결과를 얻기 위해서 자연적 · 수동적으로 기록된 자료를 사용한다. 그러나 여러 관점에서 볼 때 전사는 선별적이고 구성적인 과정이다. 그렇기 때문에 '본연적 실제 대화'가 유일하게 타당성을 인정 받는 연구 대상이라면, 전사의 가치는 근본적으로 의문시 될 수 있다11). 전사가 구성성과 이론에 결부되어 있다는 사실에서 다음과 같은 결론이 도출될 수 있다. 한편으로 우리는 전사를 할 때 어떤 결정을 해야 할 것 인가를 정밀하게 고려해야 한다. 다른 한편으로는 어떤 대화를 완벽하게 전사하는 것은 불가능하고 단지 연구의 관심이나 주목적에 최대한 유용 하게 이용될 수 있는 전사만이 있다.(Duranti 1997, 5장). 두 번째 결 론은 대화를 분석할 때 결코 전사에만 의존해서는 안 되고, **항상 오디오 와 비디오 녹화**를 철저하게 분석하는 것도 **역시** 중요하다는 사실이다. 이 외에도 전사의 형태와 협약의 선별에서 고려해야 할 점들은 다음과 같다.

- **실용성** : 협약은 쉽게 습득할 수 있어야 하고 표준 워드 프로그램을 이 용하여 PC에서도 실현할 수 있어야 한다. 그리고 가능한 이 해하기 쉬어야 하고(예:아이콘) 기존에 널리 이용되고 있는 관례에 따라야 한다.
- **해독성** : 출판을 할 경우 예상되는 독자들이 편하게 볼 수 있는 형식을 사용해야 한다. 그렇지 않으면 독자들이 전사를 이해할 수 없 거나 단순히 표면적으로만 이해할 위험이 있다. 중요한 현상 들을 놓치지만 않는다면, 특히 언어학을 전공하지 않은 독자 들을 위해서라도 간단하게 하는 것이 좋다. 주의해야 할 또 다 른 사항은 지나치게 정밀한 전사는 모습이 엉망이 된다는 것

---

11) 대화참여자들이 시각적·청각적·해석적 관점에서 상호작용을 각각 다르게 감지할 수 있 다는 사실 하나만으로도 "본연적 대화의 실제"가 엄격한 의미에서 객관적 허구라는 사실을 알 수 있다. 왜냐하면 그러한 것을 확정지을 수 있는 선험적으로 우월한 근거가 없기 때문 이다. 또 전사가 실제로 일어난 대화를 결코 전체적으로 파악할 수 없다는 말도 단편적이 다. 그 이유는 대화에 참여하는 사람 가운데 그 누구도 대화를 자연적인 상태에서 전체적 으로 인지할 수 없기 때문이다. 오히려 대화참여자들은 전사에 나타난 것보다 훨씬 단편 적으로 대화를 인지하거나 상황에 따라 인지한다.

이다. 즉 전사된 의사소통적 사건이 지나치게 낯설게 보여서 잘 훈련된 독자만이 의사 소통 과정을 상상하여 재현할 수 있다. 전사의 규칙은 출판을 할 때 반드시 병기해야 한다.

- 중요성 : 전사 시스템은 연구 과제와 대화참여자(분석자의 추측으로)에게 중요한 현상들을 표시할 수 있어야 한다. 이러한 요구는 애매한 측면이 있다. 그 이유는 어떤 것이 실제로 상호작용적으로 의미를 가지며 중요한 지를 파악하기 위해서 무엇이 중요하고 얼마나 정밀해야 하며 어떤 표기법으로 대화의 부분이 재현되어야 하는 가는 전사를 근거로 하여 대화를 분석해 봐야만 알 수 있기 때문이다! 이 문제는 기존의 연구에서 중요한 것으로 판명이 난 파라미터를 파악함으로써 해결할 수도 있다. 그 외에도 시청각 녹화로 작업을 하면서 전사를 추가로 교정하고 정밀하게 다듬을 수 있다. 중요성의 기준은 연구의 대상이며 분석적 진술의 근거가 되는 현상들을 매우 정확하게 재현하는 것을 요한다. 달리 말하자면 전사는 독자가 연구 결과의 기초와 타당성을 평가할 수 있도록 작성되어야 한다. 또 전사는 분석의 내용을 부정할 수 있는 양상들도 포함하고 있어야 한다. 이와는 반대로 연구에 필요하지 않는 것들을 정밀하게 전사할 필요는 없다. 여기로부터 축약의 수준을 위한 일반적 규칙을 도출할 수 있다. 전사의 축약 수준은 최소한 모사 또는 기술(記述)과 관련하여 연구의 대상이 정의되어 있는 축약 수준보다는 한 차원 더 정밀해야 한다. 그래야만 대화에서 현상들이(전사에 그것들의 존재를 사전에 전제하는 대신) 어떻게 구성되는가를 전사 자료를 이용하여 확실하게 연구할 수 있다.

예를 들면 풍자의 연구에서 전사에 '풍자적'이라는 해석은 쓰지 말아야 한다. 반면에 '리드미컬한 풍자'라고 하는 것은 유용할 수도 있다. 그러나 후자는 리듬이 연구의 대상인 경우에는 부적절하다. 이 경우 최소한 강세의 배분과 소리 높이의 진행이 표시되어야 할 것이다. 반면에 강세가

연구의 주제이고 다양한 강세 형태의 기능을 발견하는 가능성이 열려있
는 경우 강세 기록의 유일한 형태는 반드시 필요하다.

- **특이 사항의 고려** : 어떤 현상이 일관되게 기록되지 않는다고 하더라도
그 현상이 매우 특이하게 실현되거나(예:표시가 나게 방언으
로 교체, 지나치게 크게 또는 빠르게 말하기, 특이한 리듬) 대
화 참여자가 그것과 관계 있으면 고려를 해야 한다.
- **절제된 해석** : 잘 이해가 되지 않는 (!) 부분이 상황 지식을 통해서 설
명되고, 사건이 있는 그대로 모사되지 않고 전사자에 의해서
기술되거나 해석된다면, 지금까지 언급한 측면들을 넘어서 해
석도 부차적으로 매우 중요한 역할을 한다. 전사는 자료에 속
하므로 분석에 앞서 나아가지 말아야 한다. 전사에는 해석이
절제되어야 한다. 그래야 어떤 사건의 가능하고 잠재적인 해석
의 입지가 전사의 재현을 통해서 좁혀지지 않게 된다. 상호작
용의 의미는 전사 자료를 분석하면서 파악해야 되며 미리 전사
에서 확인되어서는 안 된다. 정도가 심한 해석 또는 평가적 주
석(예:"풍자적", "질문 투로")과 묘사(예:"얼굴을 찡그리며 심
술궂게") 등은 피해야 한다. 반면에 실증주의적 기술(예:"근육
을 움추리며" 또는 "입가를 30도의 각도로 위로 올리며") 등은
너무 애매하고 상호작용적 사건의 인상을 오도하는 경우가 많
다. 그러한 것들은 보통 사람들이 하는 일상적 해석과 정신 생
리학적 사건을 다룰 때 권장된다. 보통의 경우 일상적이고 중립
적 기술(예:"미소를 지으며")을 사용하는 것과 기능적 또는 의
미적 명칭이 아닌 가능한 형태적 명칭을 사용하는 것이 좋다
(예:"공격적" 대신에 "날카로운"을 음질의 해석에 사용).

연구 과제와 작업 조건 그리고 연구 결과에 관심 있는 사람들의 계층
이 각각 다른 데서 나타나는 문제는 **목적과 연구 결과에 관심을 가지고
있는 사람들의 계층에 따라서 각각 다른 전사를** 작성함으로써 해결할
수 있다. 이때 전사에 소요되는 노력과 효용성의 균형을 맞추어야 한다.

예를 들어 복합적 운율 자질들은 길이가 긴 대화의 전사에서는 표시하지 않는다. 그 이유는 시청각 녹화 자료를 이용하면 더 빠르고 효율적으로 그러한 자질들을 파악할 수 있기 때문이다. 보다 정밀하게 분석해야 할 곳이나 출판을 하기 위해서는 축약의 수준을 보다 높일 필요가 있다.

회화분석의 방법과 절차 6
CONVERSATION ANALYSIS

이 장은 본래 의미의 대화분석, 즉 음성 녹음이나 비디오 녹화 그리고 전사의 연구에 관해서 다루고자 한다. 분석 절차의 순서에 따라 다섯 단계로 나누어 서술한다.

- 분석의 시작(6.1)
- 개별 사례에서 연속체 분석의 관점(6.2)
- 분석의 목적 : 대화 실행방법의 형태와 기능(6.3)
- 분석의 자원 : 배경 지식과 변형의 기술(6.4)
- 분석의 심화 : 개별 사례를 초월하는 분석(6.5)

모든 대화분석은 대화참여자가 다루는 과제와 문제 그리고 목적을 위한 형태들이 어떤 **기능**을 발휘하는가에 대한 질문을 함으로써, 어떤 방식으로든 여러 **형태**(의사소통의 유형, 제도적 상호작용의 유형, 문법적 단위 등)들을 유형학적으로 기술하고 그것들을 이해할 수 있도록 하는 목적을 갖는다(6.3). 형태와 기능의 관련성을 재구성하는 것은 근본적으로 대화의 **연속체 조직**을 발견하고 분석하는 데에서 기인한다. '**연속성**'

은 우선 대화가 시간적으로 구조화되어 있고 연속해서 이어지는 발화를 통해서 생성된다는 사실을 의미한다. **시간성**은 대화의 외적 특성이 아니라 발화들의 관계 형성, 문맥과 의미의 창출 그리고 간주관성(間主觀性)의 생성을 위한 명백한 조건이자 원천이다(Heritage 1995, 398; 1997, 162f.). 대화 진행 과정의 모든 구조와 단위는 여러 진행 과정에서 저절로 발생하며 그것들의 객관성은 오직 진행 과정을 통해서만 확보된다(Spranz-Fogasy 1997). 그리고 모든 대화활동의 의미는 대화활동이 대화의 진행 과정에서 이행되는 그 순간에 의존한다(Garfinkel/Sacks 1976). 발화는 이중적으로 시간의 지평에 서 있다. 즉 발화는 한편으로 대화의 진행 과정에서 지금까지 전개되어 왔던 문맥에 적절하게 맞추어져 있고, 또 문맥을 어떻게 이해되고 있는가를 나타내주기도 한다. 그러나 다른 한편으로 발화는 새로운 문맥과 새로운 행위를 위한 규범적 기대를 창출하는 행위이기도 하다('context-shaped(문맥 다듬기)' 및 'context-renewing(문맥 갱신)', Heritage 1984a, 242ff.). 그렇기 때문에 이해와 행위는 서로 분리될 수 없는 것이다. 의미 공유와 협력적 행위의 형태로 나타나는 간주관성은 대화참여자들이 서로를 어떻게 이해하고 있는지를 한 단계씩 구체화함으로써 창출된다.

이 장에서 소개된 대화분석의 방법들은 기초적인 대화의 여러 구성적 특성들이 방법적으로 이용되고, 인식 발견을 위한 방법론적 측면에서 유용한 것으로 판명되었다는 사실에 바탕을 두고 있다. 그러니까 그 방법론의 토대는 일상 생활에서 함축적이고 대단히 일반적인 특성을 가지고 있는 질서와 의미 창출을 위한 형태적 원칙들이 대화에서 설명되고, 대화분석을 위한 방법론적 원천으로 간주되어 이용된다는 사실에 그 본질이 있다. 예를 들면 앞에서 언급한 대화 구성을 위한 연속성의 원칙이 연속적으로 작업하는 분석의 특수한 방법으로 전환된다. 대상 안에서 방법론의 토대를 세운다는 것은 개선된 또 다른 방법들과 표준들의 개발을 위해서 경험주의적 대화연구의 결과가 이용된다는 사실을 의미한다. 다른 한편으로는 방법론적 절차의 타당성은 최소한 부분적으로라도 경험적 분석에서 자체적으로 검증된다.

　회화분석론은 대화참여자들이 자신들의 발화에 어떤 의미와 어떤 중요성을 차례로 부여하는지를 서로에게 **보여준다**(display, 예:Schegloff 1997)는 핵심적이고 방법론적인 전제에서 출발한다. 만일 그 전제가 전혀 타당하지 않거나 최소한 어느 부분이 타당하지 않다면, 행위의 조화로운 연계와 상호이해는 불가능할 것이다. 대화가 정밀하게 기록되면 대화참여자가 서로에게 보여주기를 함으로써 대화에서 일어나는 일들을 해석할 수 있도록 하는 것과 동일한 방식으로 대화분석자도 보여주기를 유용하게 이용할 수 있다. 이는 매우 중요한 의미를 갖는다. 그 이유는 전제된 척도로 대화를 판단하거나 연구자가 미리 확정한 범주로 분류하는 것이 목적이 아니기 때문이다. 보다 중요한 것은 대화 중에 행위와 해석을 위해서 참여자가 기준으로 삼는 원칙들을 재구성하는 것이다. 이는 가능한 한 자료로부터, 즉 모두가 보고들을 수 있기 때문에 지각할 수 있고 원칙적으로 '공식적'이라고 할 수 있는 대화 기록의 자질들로부터 출발해야 한다. 그러한 이유로 회화분석론은 바로 대화의 표층에 관심을 갖는다. 회화분석론은 사람들이 지각할 수 있는 어떠한 행동을 이용하여 해석에 관한 신호를 서로에게 보내며, 공동활동의 조직된 과정으로서 대화를 이행하는지를 알고자 한다.

　'보여주기'의 명제 그리고 대화참여자들의 방향설정과 중요성 및 해석의 재구성에 관한 언급은 적어도 오해의 가능성이 있다. 그 명제와 언급은 여러 문헌에서 서술된 것과는 달리 아래의 사항들을 의미하는 것은 **아니다.**

　- 대화참여자들은 분석자가 제안한 해석을 대체로 명확하게 스스로 표현
　　해야 한다.

- 대화(그리고 대화의 텍스트구성도 역시)는 자체적으로 설명된다.[1]
- 대화참여자들은 재구성된 방향설정과 중요성 그리고 문제점 등을 의식하고 있다.
- 대화분석의 과제는 대화 중에 실행된 발화와 발화들 사이의 상호 관련성을 단지 다른 말로 바꿔서 말하거나 "꼼꼼하게 기술"(Geertz 1983)하는 것이다.

'보여주기'의 명제와 대화참여자들의 방향설정에 관한 언급은 대화분석자의 **방법론적 지침**으로서 훨씬 더 유용하다. 방법론적 지침을 따른다면 대화분석자는 다음의 사항들을 반드시 지켜야 한다.

- 대화분석자의 진술은 가능한 한 대화참여자의 활동에 의거해야 한다.
- 대화분석자의 해석은 상호작용 과정에서 일어난 세부 사항과 간극 없이 항상 일치해야 한다.
- 대화참여자의 발화가 대화분석자의 진술적 의미로 해석될 수 있다는 사실과 그 방법에 대해서 명확히 밝혀야 한다.

회화분석론적 재구성은 모든 해석 및 학문적 진술과 마찬가지로 불가피하게 현장에 구속되어 있고 구성적이다. 그러나 회화분석론의 특성은 상호작용을 가능한 스스로 해석되는 사건으로 간주하려는 "재구성의 몸짓"이다(Hausendorf 1992; 1997, 269). 대화참여자들은 암묵적으로 공유하고 있는 실행방법을 바탕으로 상호 협력한다. 상호협력이 성사되는 데 필요하게 여겨지는 만큼만 서로에게 해석을 보여준다. 그렇기 때문에 대화분석자는 대화 중에 일어난 일이 의미가 있고 체계적으로 조직된 것으로 이해될 수 있도록 **설명**해야 한다. 이때 그러한 조직의 기저에 어떠한 해석의 성과와 원칙이 있는지를 알아내야 한다(Deppermann 1977b). 그렇기 때문에 개별 사례의 해석은 단지 구체적 상황에서 행위를 가능하게 하는 일반적 방법과 규칙 등을 재구성하기 위한 출발점에 불과하다.

---

1) 이는 물론 많은 회화분석론자들과 민족방법론자들이 주장하는 내용이기도 하다.

6.1 분석의 시작

　전사가 완성되면 대화분석을 시작할 수 있다. 그러나 최소한 처음에는 전사 자료만을 가지고 작업하는 것을 피해야 한다. 그 이유는 대화의 청각적·시각적 특성들과 우선 친숙해져야 하기 때문이다. 또 경우에 따라서 전사를 교정할 일이 있을 수도 있다. 나중에 개별 자료에서 파악하기가 보다 좋은 특성에 집중하고자 할 때는, 전사 또는 음성 녹음이나 비디오 녹화 중에 하나의 자료만을 선택하여 이용할 수 있다. 대화분석을 시작하는 데 두 가지 방법이 있다.

　- **미시적** : 특정 대화 부분의 상세 분석
　- **거시적** : 전체 대화의 구조기술

　첫 번째 경우 특정 유형의 전형적 사례이거나(4.2) 연구 과제와 관련하여 매우 흥미로운 출발점으로 보이는 특정 부분을 선별한다. 일반적으로 **특이한 현상** 또는 **새로운 현상**을 포함하고 있는 부분이나, 특정 대화의 표준적 사례('clear cases')로 보이는 부분을 찾는다. 또는 연구자가 관심을 가지고 있는 문제가 대화참여자가에게 중요하다는 사실을 명확하게 나타내주는 보여주기('display')를 내포하고 있는 부분을 찾는다. 그 외에도 전사할 부분을 선택할 때와 동일한 기준에 주의를 기울여야 한다(4.2). 특히 중요한 것은 주위나 녹화를 의식하지 않는 "자연스런 부분"이 선별되어야 한다. 이 자연스런 부분은 행위 복합체 또는 주제 복합체를 개시하는 첫 번째 시작 **전**에 시작되고, 그 복합체에 뒤이어 나오는 다음 행동으로 이행될 때까지 이어진다.[2] 선별된 대화의 부분은 6.2

---

[2] 흥미로운 부분을 대화의 전체 진행 과정에서 바라보고 그것들의 기능과 동기를 규정하기 위해서는 바로 직전과 직후의 대화 문맥을 참작해야 한다. 예를 들면 어떠한 선행하는 행위의 문제가 논증을 필요하게 하였는지가 분명할 때만 논증 연속체의 진행과 종료를 이해할 수 있다.

에서 기술되는 관점에 따라서 분석된다.

두 번째 경우는 이야기나 팀별 회의 또는 길게 지속된 다툼대화 등과 같은 **거시적 상호작용의 연속체**와 관련 있는 연구 과제에서 중요하다. 여기서는 상세 분석을 하기 전에 먼저 **구조에 관한 기술**을 하는 것이 적절하다. 구조에 관한 기술은 목록과 연계하고(4.1) 대화를 주제와 행위 단위의 구조로 거시적으로 재구성한다. 대화의 구조는 대화의 전국적 구조와 진행 과정의 역동성에 대해서 관심을 가질 때만 도움이 되는 것이 아니다. 대화의 구조는 상세 분석을 위해서도 귀중한 해석의 근거를 제공한다. 단위가 큰 대화의 어떤 단계에서 발화가 수행되었는가를 알 수 있으면, 그 발화가 가지는 기능의 특성들을 훨씬 쉽고도 확실하게 인식하고 해석할 수 있다. 반대로 어떤 발화의 구현과 깊은 관련이 있는 매우 특수한 상황을 고려하지 않음으로써 나타날 수 있는 분석의 오류와 성급한 일반화는 피할 수 있다.[3]

셋째(Schütze 1987)는 **이야기 분석**을 위해서 이야기의 개별적 구성단위와 이야기를 구성하고 있는 텍스트유형에 따라서 복합적 이야기의 단위를 나눌 것을 제안하고 있다(이야기의 머리말, 상황묘사, 이야기의 핵심, 이야기 마침말, 평가, 논증 등). 이렇게 하면 개별 부분들이 서로에 대해서 어떤 기능을 가지고 있고, 어디에서 이야기의 주제로부터 벗어나고 부차적 이야기 노선이 시작되고 종료되는지, 어디서 중간에 벗어났던 이야기의 본류가 다시 시작되는지, 그리고 어떤 이야기가 종료되지 않는지 등을 인식할 수 있다. 삽입, 회상 그리고 암시의 경우 이야기되는 이야기의 연대기를 — 다음에 무엇이 이어지는가? — 설명해 주는 구조

---

3) 예를 들면 조정대화에서 양 당사자가 갈등이 일어난 일에 대해서 이야기하는 국면에 있는 경우에는 조정자가 다투고 있는 양 당사자에게 그들이 주장하는 내용에 대해서 근거를 제시하라고 요구한다. 그러나 반대로 양 당사자들이 가지고 있는 다툼에 대한 관점을 조정자가 이미 알고 있는 경우에는 다른 쟁점에 대한 근거를 제시하고자 하는 양 당사자의 시도를 방해로 간주한다. 이와 같이 동일한 행위라고 할지라도 조정대화의 어떤 국면에 있느냐에 따라서 조정자에 의해서 전혀 다르게 해석된다. 근거와 '진리탐구'의 원칙은 조정 대화에서 불변화적 위상을 갖는 것이 아니라, 조정의 국면에 따라서 매우 다르게 취급된다(Deppermann 1997a).

기술이 도움이 될 수 있다. 이야기의 전개를 단순한 시간적 순서로 서술하는 것을 넘어서 보통의 경우 숨겨져 있고 무질서한 인상을 주는 이야기의 복합적·위계적 조직과 상호 관련성도 명확하게 된다.

행위 스키마의 분석은 행위 단계의 이상적이고 전형적인 순서에 의해서 특징이 나타나는 대화유형에 속하는 상호작용의 거시적 구조를 재구성 하는 데 도움이 된다(Notdurft/Spranz-Fogasy 1991). 상담대화를 예로 들면 문제제시, 피상담자와 상담자에 의한 문제정의, 문제해결을 위한 대안 개발의 세 단계이다. 행위 스키마의 분석은 어떤 단계에서 어떤 행동이 일어나는지를 명확하게 해 줄 뿐만 아니라, 반복이나 결여(예:공동의 문제정의) 그리고 이전으로의 회기(예:문제제시에 또 다른 문제제시가 이어짐) 등을 확인하는 데에도 도움이 된다. 그리고 그렇게 함으로써 실패한 의사소통과 단위가 큰 행위의 전략 및 잠재적 문제의 위치 등을 분석하는 단초를 제공하기도 한다(Notdurft 1984).

분석 방식을 연습하기 위해서 한 부분에서 모든 방법론들을 체계적으로 실험해 볼 필요가 있다. 이것은 지나치게 꼼꼼하여 비실용적으로 보일 수도 있으나, 분석적 숙련과 감각을 체득하기 위해서나 개별 과정의 효율성을 배우기 위해서 반드시 필요하다. 분석을 체계적으로 개별적 단계로 나누는 것이 의미가 있는 경우가 많음에도 불구하고, 숙련된 대화분석자가 보통의 경우 선별적이고 통합적 방법으로 분석하는 것처럼 차후에는 그런 방식으로 대화를 분석할 수 있다.

6.2 분석의 관점 : 개별 사례에서 연속체의 상세 분석

대화의 개별 부분들의 연속체를 상세하게 분석하는 것은 대화분석의 핵심이다. 녹화자료와 전사 자료를 집중적으로 연구하는 것은 아래의 사항들을 위해서 매우 중요하다.

- 추후 연구의 대상이 되어야 하는 대화 실행방법의 경험주의적 **정의**
- **사례별 해석**의 개발
- 이론적 **개념**의 형성

– 대화진행의 **일반적 원리와 구조**에 관한 진술의 획득과 정밀화 및 검증

자료를 가지고 연구하는 것은 내가 **방법론적 질문**이라고 부른 분석의 관점에 의거한다. 그 질문들이 방법론적인 까닭은 그것들이 이론에 의해서 도출된 분류의 범주를 사전에 제시하지 않고, 자료에 바탕을 두고 대화의 특성과 관련성의 발견을 활성화하고 체계화하는 열린 질문이기 때문이다. 그렇게 하면 표준화된 방법과 규칙에 의한 것과는 달리 대화분석의 결과도 처음부터 제한을 받지 않게 된다. 방법론적 질문은 오히려 분석적 유연성을 향상시킬 수 있고 기술을 위한 도구를 제공할 수 있으며, 대화에 관한 진술의 획득과 검증을 위한 기본적인 상호작용의 특성들을 이용할 수 있도록 한다. 그렇다고 해서 분석의 관점 자체가 연구 과제가 되는 것은 아니다. 이는 거의 모든 연구 과제에 유용하거나 반드시 있어야 하는 것이며 모든 대화의 임의적 부분에 적용될 수 있는 방법론적 보조 수단이다. 그러한 이유로 이 책에서 연구의 관점은 불가피하게 대단히 일반적이고 추상적이기 때문에, 모든 연구 자료와 연구에 적용될 수 있어야 한다. 개별적 연구의 관점들은 대체로 중요하고 유용한 것일 수 있다는 사실이 밝혀지게 된다. 여러 방법론들은 — 항상 그러한 것은 아니지만 — 동일한 결과를 낳는 경우가 많다. 특히 첫 번째 연구 결과를 보충하고 정밀화하는 것으로 나타난다. 하나의 상호작용 연속체는 어느 정도 다양한 관점에서 계량될 수 있다.

여타의 담화분석론적 연구들과는 달리 기본 토대는 독립된 발화가 아니고 항상 **대화 연속체** 또는 **대화의 과정**이다. 개별화자의 활동이 연구의 중심적 과제라면 그것은 **상대적 활동**으로 연구되어야 한다. 다시 말하자면 선행 활동과 후행 활동과의 관계 속에서 연구되어야 한다. 연구의 대상이 되는 단위들은 앞으로 **'초점 단위'**(또는 자질, 발화, 연속체)라고 부르기로 하겠다. 대화가 연속체로 구성되는 방식과 알맞게 하나도 빠뜨리지 않고 상호작용의 과정을 발화 하나 하나씩(전사 자료에서는 한

줄 한 줄) 분석해야 한다. 연속체성의 원리가 대화분석자에게 의미하는 바는 그가 언제나 대화참여자의 위치에서 움직여야 하고, 앞선 것을 설명하기 위해서 나중 것을 선취해서는 안 된다는 점이다. 그 이유는 대화참여자들이 행위의 순간에 해석의 도구로써 후행하는 것을 선취하지 않기 때문이다(예:Schmidt 1992, 3). 오히려 행위의 조건과 해석의 조건 가운데 상호작용 참여자들이 대화를 하는 순간에 어떤 것들이 있는지, 그리고 그러한 가능성을 바탕으로 차후의 과정이 어떻게 진행되는가를 묘사하는 것이 훨씬 더 중요하다(Overmann 1983; 6.4, II). 이러한 방법으로 진행 과정의 형태를 갖게 하는 행동의 연속체로서 어떤 원리를 따라서 대화가 나타나게 되었는지를 재구성할 수 있다. 다음과 같은 분석의 관점은 그러한 상위 연속체성의 원리에서 기인한다.

I   바꿔 쓰기와 행위의 기술
II   발화의 형태와 표현의 역동성
III   타이밍
IV   문맥분석
V   후속 기대
VI   상호작용의 결과
VII   연속체 원형과 거시 과정

I. 바꿔 쓰기와 행위의 기술

바꿔 쓰기는 대단히 개략적인 특성을 갖는 첫 번째 단계에서 분석하고자 하는 대화의 부분에서 무엇이 중요한 가를 명확하게 하는 데 이용된다. 이를 위해서 대화 부분들의 발화 하나 하나를 **내용적으로 바꿔 쓰기해 본다.** 바꿔 쓰기에서는 대화의 주제들을 확인하고 언표들이 어떤 사람이나 상황 또는 사건 등을 가리키고 있는지를 설명하는 것이 중요하다(예:대용사(代用詞), 시간). 행위 기술을 할 때 모든 발화와 관련하여 어떤 유형의 **언어적 행위**(질문, 대답, 비난, 근거제시 등)가 수행되었는가를 살펴 본다. 많은 경우 하나의 발화는 여러 개의 행위를 수행할 수 있다(예:"네 가 먼저 나를 모욕했어"라는 발화는 주장, 역비난, 변명 등이 될 수 있다). 그렇기 때문에 행위는 여러 차원에서 기술하여야 한다(Rehbein 1977, 240ff.).

　바꿔 쓰기와 행위의 기술을 바탕으로 분석하고자 하는 대화의 부분을 이해할 수 있는 첫 번째의 관문을 통과하게 된다. 이 과정에서 대화의 부분들이 이해되고 명료해지게 된다. 경험에 의하면 이는 특히 초보자에 게 매우 중요하다. 그러나 두 유형의 제한할 점은 반드시 유의해야 한다.

- 바꿔 쓰기와 행위의 기술은 더더욱 **임시적인 것으로만** 표현되어야 한 다. 분석의 관점 IV – VI는 바로 초점 단위의 내용적 화용론적 특성을 체계적으로 설명하는 데 이용된다.

- 바꿔 쓰기에서 나타날 수 있는 문제는 연구자가 차후에 이어지는 분석 에서 특히 바꿔 쓰기에 의존하여 전사 자료를 등한시할 수도 있다는 점 이다. 이는 다시 말해서 연구자가 대화참여자들의 활동 대신에 자신의 해석을 분석할 수 있다는 것이다. 이러한 유혹은 기초 자료에 비해서 바꿔 쓰기가 명료하면 명료할수록, '정리가 더 잘 돼 있으면' 있을수록, 그리고 이해하기 더 쉬우면 쉬울 수록 커질 수밖에 없다. 바꿔 쓰기는 처음에 방향을 잡는 데 이용되는 것이지 **분석의 대상이 아니라는** 점을 반드시 유념하고 있어야 한다.

　내용이 중시되는 연구에서 처음의 바꿔 쓰기에 이어서 상세한 **의미 분 석**이 이어질 수 있다. 여기서는 발화 문맥에서 사용된 언어표현이 담고 있 는 특수한 의미를 알아내고(예:전문어적 의미; 함께 표현된 사태), 개별 발화단위들 사이의 문장 의미론적 관계를 추가적으로 분석한다(예:'반의적' '양보적'; von Polenz 1988). 이러한 **의미 설명**은 예를 들어 언어표현의 의미에 척도가 되는 암시 또는 이전에 있었던 일 등을 명확히 함으로써 폭넓게 할 수 있다.4) 이때 반드시 알아야 할 것은 모든 설명들이 **대용(代用)적**이라는 사실이다. 즉 그러한 설명들은 사태나 낱말의 내용 등을 암묵적으로 전제한다. 그러한 것들 자체적으로는 구체적으로 제시될 수 없지만, 설명의 내용에 내포되어 있고 의미에 대해서 결정적으로 중요할 수 있다(예:Bergmann 1988a, 34ff.). 함축성의 잉여적인 것은 근본적 결함이 아니라 모든 표현의 피할 수 없는 특성 가운데 하나이다. 모든 것을 최대한 상세하게 연구하는 것이 중요한 것이 아니라 본래의 연구 목적에 대해서 충분히 포괄적이고 상세한 설명을 하는 것이 중요하다. 그러나 대화참여자 스스로가 '불명확'한 곳에서 굳이 상세하게 설명할 필요는 없다. 그 대신에 바로 그러한 **'불명확성'**이 어떠한 기능을 가지고 있는가에 대한 탐구는 필요하다.

> **→ 바꿔 쓰기(Paraphrase)와 행위의 기술**
>
> - 해당 대화부분에서 무엇이 중요한가?
> - 누가 무엇에 대해서 이야기하고 있는가?
> - 개별 발화들은 무엇과 관련이 있는가? 어떤 사건, 사람, 사태, 시간, 장소 등이 관련되어 있는가?
> - 어떤 표현과 관련성이 이해가 안 되고 불명확하며 중의적인가?
> - 어떤 이유로 더 상세하게 이야기되지 않았는가? 이것이 어떤 원인과 기능 그리고 결과를 갖을 수 있는가?
> - 대화참여자들의 발화들은 어떤 목적을 갖는가? 어떤 유형의 행위가 수행 되었는가? 어떤 과제 또는 요구에 행위자들이 직면해 있는가?

---

4) 이에 대한 예로 레이봅/펜셀(Labov/Fenshel 1977)의 심리치료 연구를 들 수 있다. 그들은 소위 '확장(expansions)'이라고 불리는 위치에서 개별 발화들의 의미를 가능한 폭넓게 설명하고자 한다.

II. 발화의 형태와 표현의 역동성

'발화의 형태'란 **말하는 방식**을 일컫는다.5) 발화의 형태를 기술한다 함은 여러 언어학적 차원에서 발화를 기술하는 것을 의미한다. 발화의 형태를 포괄적으로 기술하는 것은 발화의 속성상 전혀 가능한 것이 아니며, 또 대개는 그렇게 흥미로운 과제도 아니다.6) 한편으로 무엇이 중요한 가는 연구 과제에 딸려 있다. 다른 한편으로 상호작용의 진행에 중요하기 때문에 보다 자세히 기술해야 할 측면에 대해 언급하기 위해서는, 심도 있는 언어학적 지식이 필요하고 약간의 민감성도 요구된다. 아래에 이미 여러 대화분석 연구에서 중요성이 판명된 현상들과 변수의 예들을 들어보도록 하겠다.7)

- 음성학 : 방언 또는 전문어적 발음, 발음 생략 등
- 운율 : 강조, 리듬, 발화 끝 부분의 억양, 소리의 크기와 속도 변화, 목 소리의 질, 휴지(5.2 참조)
- 문법 : 낱말의 순서, 통사론적 구조, 생략, 문장의 단절, 병렬문과 종속 문 등
- 어휘 : 비어휘적 소리(예:감탄사), 코드와 목록(외국어, 전문어, 집단 어, 지역어 등과 같은 특수어(예:방언, 청소년언어, 관청어))의 선택 등
- 수사학 : 어구들의 사용(속담, 상투어, 관용구, 의례적 표현("잘 지내 니?")), 은유, 풍자, 수사학적 질문, 운율 등

---

5) 여기서 '발화'란 대화참여자들의 음성 언어적 행위를 표시하기 위한 매우 일반적인 개념으로 사용된다.

6) 뿐만 아니라 기술은 언어학 이론에 의존되어 있다. 그래서 통사론은 생성적, 기능적, 기술적 또는 발렌쯔 문법 가운데 어떤 것을 선택하느냐에 따라서 다양하게 분석된다.

7) 현재 입말연구에 대한 동향을 개론적으로 설명한 것으로 슈비탈라(Schwittala 1997)를 들 수 있다. 언어학적 전문용어에 관한 전체적인 안내는 부스만(Bußmann 1990), 레반도 프스키(Lewandowski 1990), 링케 외(Linke et al. 1996) 그리고 특히 글릭(Glück 1993)을 참조.

그밖에도 비음성적 행동과 이것의 언어적 행위에 대한 시간적, 의미론적 그리고 기능적 관계에 대해서 추가적으로 기술하도록 한다.

언어학적 기술을 했다고 해서 발화 형태의 특성을 **해석**한 것은 아직 아니다. 이를 위해서 지금까지의 연구를 참고해야만 한다. 그러나 기존의 연구를 참고한다고 하더라도, 대개 여러 자질 가운데 일부를 위한 잠재적 의미와 기능을 언급하는 것 이상은 아니다. **다루고 있는** 대화의 부분에 어떤 의미를 부여할 수 있는지는 대화의 진행 과정을 떼어놓고서는 확실하게 말할 수 없다 — 이러한 특성이 상호작용에 얼마만큼 중요하고 어떤 상호작용적 의미와 기능을 가질 수 있는가를 알아내는 것이 바로 대화분석의 과제이다. 이때 다음과 같은 사항들을 유의하여야 한다.

- 자질들은 **개별적으로 다루어야** 하지만 **자질들 사이의 상호관계 안에서 해석되어야** 한다. 여러 차원(예:시선접촉, 손짓, 리듬, 낱말의 선택) 사이의 관계는 발화의 **전체적인 인상**을 파악하는 데 상당한 역할을 한다. 그래서 예를 들면 '채널'이 일치하지 않는지, 또는 여러 신호들이 전체적으로 동일한 인상을 지속적으로 전달하는지를 유의해야 한다(예: 열성이나 공감 또는 분노).
- 자질들이 절대적 의미를 갖는 경우는 거의 없다. 한 차원에서 사건들 사이의 차이가 날 때 의미가 발생한다(Gumperz 1992). 예를 들자면 얼마나 크게 말하는가는 대개 별로 중요하지 않다. 소리의 크기가 중요하게 되는 것은 누군가가 이전보다 더 크게 이야기할 때이다. 의사소통적으로 중요한 것은 보통 보다 빠르게 하거나 느리게 하는 것이다. 또한 언제(어떤 주제 또는 어떤 수용자 등에 따라서) 방언에서 표준어로 바꾸는가도 상당한 의미를 갖는다.
- 많은 자질들은 '문맥화 암시 기능'을 갖는다(Auer 1992; Gumperz 1982, 4~7장 및 1992). 다시 말해서 그러한 자질들은 문맥을 명시적으로 표현하지 않으면서 관련성의 틀로서 상호작용 안으로 끌어들인다. 그렇기 때문에 문맥의 분석(Ⅳ)은 발화의 형태를 자세히 관찰하는 것을 바탕으로 한다.

발화 형태의 자질들은 특히 명시적으로 언급되지 않는 상호작용적 의미의 차원, 즉 **대화참여자의 관계, 화자의 정체성, 감정의 개입정도** 등을 위해서 그리고 **상호작용의 양상성**의 규정을 위한 근거로서 특히 중요하다. 그밖에도 그러한 자질들은 **결속성의 관계**, 즉 하나의 발화가 다른 발화에 대해서 어떤 관계를 가지고 있는지를 명확하게 해준다(어디에 발화가 관계되어 있는지, 발화가 중요한지 중요하지 않은지; 6.2, IV). 그래서 예를 들면 특수어를 사용할 때 대화참여자들이 특수어에 관한 지식을 공유하고 있으면 그들 사이에는 내밀한 관계가 형성되며, 반대인 경우에는 대화상대자를 배제하게 된다(Giles/Coupland 1991). 또 다른 예로 분노는 주로 큰 소리, 강한 리듬감, 확연하게 길게 발음되는 소리, 극도로 차이가 나는 음조가 나타나는 발화에 의해서 표시된다. 작은 소리로 빠르게 말하는 것은 발화를 끼워 넣기로 이해될 수 있음을 표시할 수 있다.

위에서 언급한 언어 체계적이고 그렇기 때문에 비과정적 기술의 관점 외에도, **표현의 역동성**에 관한 연구가 있을 수 있다. 대화를 구성하는 단위는 소리의 연속체로 구성된다. 그것들은 (때로는) 낱말들을 결과로 낳는 복합체를 구성한다. 이러한 복합체로부터 이른바 **발화순서 구성단위**('turn-constructional units', Sacks et al. 1974)가 구성된다. 이것들은 화자교체를 가능하게 하는 최소의 단위이다(Selting 1996). 모든 발화순서 구성단위들은 대화의 전체의미를 구성하는 데 기여한다. 그러나 자체적으로도 이미 하나의 행위이기도 하다. 예를 들어 "그래, 히지만"의 구조에서 도입의 기능을 가지는 "그래"는 고백이나 고려 또는 동의를 나타낸다. 이를 통해 반론의 행위는 약화되고 보다 공손하게 수행된다. 반대로 먼저 반론을 제기하고 나서 동의를 한다면, 동의는 다음 화자가 마지막으로 다루어야 할 중요한 행위가 된다. 이 경우 반론의 강도는 상당히 낮아지게 된다. 이와 같은 차이는 하나의 발화순서구조 안에서 단위들의 **순서**가 얼마나 중요한지를 잘 보여준다. 언어 형태이든 언어 행위의 유형이든 또는 발화 유형이든, 발화순서 구성단위 내에서의 위치가 상호작용에서 그것들의 잠재적 기능과 관련하여 얼마나 중요한지를 일반적으로 연구할 수 있다. 형태적 관점에서 발화순서 구성단위의 **시작**과 **중간** 그리고 **종료** 및 초점 요소가 곧 발화순서 구성단위 **전체**인 경우로 구분할 수 있다.8) 초점 요소가 위치하는 곳에 따라서 다른 요소들과의 관계 그리고 이 때문에 기능이 변할 수 있다. 예를 들어 어떤 요소가 시작의 위치에 있다면 그것은 틀의 형성, 준비 또는 예고 등의 기능을 수행한다. 반면 그것이 끝 부분에 있다면 이는 오히려 확인과 강조 또는 종합 등의 기능을 수행한다. 이러한 차이는 동일한 요소가 발화순서 구성단위 내에서 어떤 위치에 있느냐에 따라서 매우 다른 의미를 갖기 때문이다. 예를 들어 질문문이 종료부분에서 나타나면 정보질문, 결정질문 또는 시험질문 등으로 이용될 수 있지만, 반대로 시작부분에서 사용되면 주제설정으로 이용될 수 있고, 중간에 나타나면 수사학적 질문으로 이용될 수 있다. 다른 한편으로 한 요소의 위치는 **분포제한**의 규칙을 따라야 하는 경우가 있을 수 있다. 다시 말하자면 한 요소는 발화순서 구조단위의 특정 위치에서만 나타날 수 있다.9)

모든 발화순서 구성단위는 전체로서 형태적 역동성이 어떤 체계를 따르는가에 대해서 연구될 수 있다. 매우 긴 발화순서 구성단위(예:이야기 또는 농담)는 세 부분으로 이루어져 있다. 즉 핵심활동이 예고되거나 도입되는 **시작**(예:이야기 예고와 틀의 형성), 행보의 체계적인 연속으로 이루어진 **핵심활동**(예:이야기 문장의 연대기적 배열) 그리고 **종료**(예: 교훈 표현; Kallmeyer/Schütze 1977)로 이루어진 구성적 특성을 갖는다. 추가적으로 후속요소('post-completer', 예:"그렇지 않니" 등과 같은 확인요구)가 이어질 수 있다. 이것을 사용하여 대화 상대자에게 발화권을 넘긴다.

---

8) 이와 관련하여 슐로빈스키 외(Schlowinski et al. 1993, 134ff.)는 청소년 언어에서 "ey"가 어느 위치에 있는가에 따라서 구분되는 기능에 대해서 연구하였다.

9) 분포제한의 규칙은 당연히 통사구조 및 낱말의 순서와 관계가 있다. 예를 들면 통사와 관련된 위치의 기준은 단어의 형태가 분사인지 형용사인지를 구분하기 위해서 자주 이용된다.

언어학과 표현의 역동에 관한 상세한 기술은 언어학적으로 설정된 질문을 위해서 반드시 있어야 한다. 그 이유는 언어학적으로 설정된 질문들이 일상대화에서 특정 언어학적 형식과 자질들의 사용과 관련이 있거나, 어떤 언어학적 자질들이 대화행위의 이행에 구성적인가와 관련이 있기 때문이다. 예를 들면 발화의 운율적, 문법적, 문장 의미론적 특성들이 화자교체의 조직에 어떤 역할을 하는가에 관해서 연구를 할 수 있다(Selting 1995; Schegloff 1996). 또는 비난행위의 특징이 어떤 언어적 자질들에 의해서 특징이 나타나는 가를 연구할 수도 있다(Günthner 1996). 발화 형태의 분석은 최근 몇 년 동안 전통적인 언어학의 질문과 범주를 대화분석으로 새로이 해석하고 연구할 수 있는 좋은 기회를 제공하였다. 연구의 목적은 무엇보다도 경험주의적 바탕 하에 이론적 모형과 개별언어의 문법규칙에 대해서 새롭게 근거를 제시하고, 대화연구를 위한 기존의 언어학적 범주를 검증하고, 경험주의에 근거하여 새로운 범주를 개발하는 데 있다.

반면에 **사회학적 연구 과제**에 대한 상세한 언어학적 기술의 장점은 판단하기가 어려운 경우가 많다. 사회학적 연구 과제는 보통 해석에 중점을 두는 연구 과제, 즉 일차적으로 행위와 의미론적 내용에 관심을 두고 있는 반면에, 언어적 형태에 대해서는 거의 관심을 기울이지 않는다. 그렇기 때문에 언어학적 기술은 인식적 관심의 핵심이 아니라 단지 보조학문적 가치만을 갖는 것이 보통이다. 언어학적 기술은 적절한 대화 해석과 그에 대한 근거제시에 결정적으로 중요한 형태와 발화의 자질들에 대해서 빈감하기 때문에 중요하고, 때에 따라서는 대체할 수 없는 수단이기도 하다. 또한 사회적 행위 복합체가 만들어지고 대화 안에서 힘의 관계가 창출되게 하는 언어학적 자질들을 확인한다면, 그것 자체가 사회학적인 발견이다. 그러나 도가 지나치게 정밀하게 기술하려는 욕구는 문제가 된다(Bergmann 1985). 해석자가 대화자질들을 지나치게 정밀하게 기술하고 해석하는 데 빠지게 되면 이 때문에 본연의 연구 관심사로부터 점점 멀어지게 된다. 또한 다양한 양상을 개괄할 수 없을 정도로 복잡해지게 된다. 그밖에도 발화의 단순한 언어학적 범주를 사회학적 또는 심리학적으로 중요한 해석으로 오해하는 것도 조심해야 할 부분이다. 이러한 실수는 특히 자격시험 연구논문에서 자주 나타난다. 그렇기 때문에 사회학을 전공하는 학생들은 기초 지식을 잘 모를 경우 언어학적 기술의 방법들을 이용할 것인가에 대해서 숙고해 보아야 한다. 왜냐하면 완벽하고 독립적인 연구를 하기 위해서 매우 많은 노력을 기울여야 하고, 언어학적 관점은 물론 사회학적 관점으로도 충분한 분석이 되지 않을 위험이 있다.

→ **언어학적 기술을 위한 질문**

- 어떤 언어학적 자질들이 발화의 특징을 나타내는가? 어떤 자질과 형태가 특히 눈에 띄는가?
- 자질들이 서로 어떤 관계를 가지고 있는가? 서로가 보완적 또는 지원적 관계인가 아니면 서로 모순적 또는 상호 암시적 관계인가?
- 운율적 자질들은 언어적 발화에 대해서 어떤 관계에 있는가?
- 언어적 의사소통과 비언어적 의사소통이 서로 어떤 관계에 있는가?
- 대화가 진행되는 동안 화자에게 언어학적 변수는 (언제) 변화하는가? 참여하고 있는 화자들은 서로 구분이 되는가?

이러한 질문을 다루는 데 주의할 점은 다음과 같다.

- 언제 그리고 어떤 발화내용과 행위(1.을 참조)에서 자질들이 나타나고 무엇이 그것들을 규정하는 데 관여하는가?
- 그것들이 관계 형성과 자기표현과 행위의 평가, 그리고 감정개입과 발화권의 분배를 가질 수 있는 진술을 위해서 어떤 의미를 갖는가?

→ **표현의 역동성에 관한 질문**

- 어떤 발화순서 구조단위로 발화가 이루어져 있는가?
- 발화순서 구조단위는 발화를 통해서 어떤 부분으로 나뉘는가? 조직적인 시작과 종료가 있는가?

> - 발화가 어떤 원리로 연속되는가?
> - 발화순서 구조단위에 정지나 반복 그리고 표현의 어려움과 자기교정
>   등의 특징이 있는가?
> - 발화순서 구조단위 안에서 초점 요소가 차지하는 위치가 어디인가? 그
>   위치가 어떤 특수한 기능을 갖는가?

Ⅲ. 타이밍

여러 명의 화자가 수행한 발화 사이의 시간적 관계는 대화의 형태적 전개, 즉 발화순서 구성단위의 연속으로서 대화 조직뿐만 아니라, 개별 발화순서 구성단위의 해석에도 매우 중요하다. 그래서 **화자교체**에 대한 연구가 필요하다. 어떤 규칙이 적용되고, 누가 언제 발화를 하는가(Sacks et al. 1974)? 이는 곧 화자선택에 관한 질문이기도 하다. 선행 화자가 후행 화자를 선택하는가(=**타인선택**; 예:질문의 수용자 지명), 아니면 후행 화자가 스스로를 화자로 선택하는가(=**자기선택**)? 자기선택의 경우 이것이 경우에 따라서 선행 화자의 선택과 모순되는지 아니면 화자선택의 순간에 **발화권**을 임의로 차지할 수 있었는가를 알아보아야 한다. 화자교체는 항상 **국지적**이지는 않다. 즉 지금 말하고 있는 화자의 행동에 의존하여 순간적으로 화자교체가 이루어지는 것이 아니다. 특히 제도 내에서 이루어지는 의사소통에서는 대화 전체를 위해서 사전에 규정되어 있는 규칙이 있다. 이에 의해서 어떤 위치에서 누가 이떤 발화를 해도 되거나, 아니면 발화를 해야 하는 지가 규정된다(예:법정에서 판사만이 다른 화자의 발화를 중단할 수 있고 방청인들은 발화가 금지되어 있다).

시간의 관점에서 화자교체는 '매끄럽게' 이루어질 수 있거나(발화순서 구조단위 사이의 짧은 휴지가 있는 경우), 한 화자의 발화가 다른 화자의 발화와 겹치거나 중단될 수도 있고, 또는 발화를 스스로 멈출 수도

있다. 또 침묵의 휴지도 있을 수 있다. 발화의 겹침 현상이 경쟁적인지, 협력적(예:선취적, 동의적)인지(Goodwin/Goodwin 1992), 발화 겹침으로 발화권을 요구한 것인지, 단지 화자의 반응이었는지(Bublitz 1988), 하나의 어쩌면 비공식적 부대화(副對話)가 시작된 것인지(Ehlich/Rehbein 1986), 어떤 대화참여자에게 침묵에 의한 휴지의 책임이 있는지, 침묵이 그에 상응하여 어떤 의미를 가질 수 있는지 등에 대해서 면밀하게 연구할 필요가 있다. 더 나아가 후속 화자가 선행 화자의 발화 리듬과 말 빠르기를 그대로 수용하는가의 여부도 대화참여자의 동기화(同期化, synchronisation)를 위해서 중요하다(Auer/Couper-Kuhlen 1994; Erickson/Shultz 1982). 이러한 문제들을 정확하게 분석하려면 대화의 리듬적 특성을 위한 카덴차 방식 또는 화자의 발화시작을 나타내기 위한 총보 방식과 같은 전사 자료가 적당하다.

음성 발화 사이의 시간적 관계 이외에도 화자의 비언어적 행위와 언어 발화 사이의 연계도 활동의 흐름을 해석하는 데 중요하다(Heath 1997). 특히 행위가 동반되는 의사소통(예:자동차를 수리할 때, Fiehler 1980)에서는 더욱 그러하다. 한 화자의 언어 발화와 대화상대자가 행한 비언어적 반응 사이의 관계도 중요하기는 마찬가지이다(고개 끄덕이기, 던져버리는 듯한 손동작).

> **→ 활동의 타이밍에 관한 문제**
>
> - 누가 언제 말하는가? 누가 누구의 뒤를 잇는가?
> - 복수의 대화가 나란히 수행되는가? 그리고 그것들은 서로 어떤 관계에 있는가 (독립적, 상호 관찰적, 공식적-비공식적 등)?
> - 어떤 원칙에 따라서 화자교체가 구조화되는가?
> - 모든 참여자는 원칙적으로 동일한 발화권을 가지고 있는가?
> - 동시에 발화가 일어나는 곳이 있는가? 동시발화가 언제 시작되고 어떻게 종료되는가? 동시발화가 문제제기로 간주되는가 혹은 긍정의 확인으로 간주되는가?

> - 언제 침묵이 발생하고 어떻게 사라지며 또 어떻게 해석될 수 있는가?
> - 언어적 그리고 비언어적 의사소통이 시간적으로 어떤 관계에 있는가?
>   서로에 대해서 어떤 기능을 가지고 있는가?

Ⅳ. 문맥분석

대화에서의 발화는 분리된 문장이 아니라 상호작용 과정에서 상호 관련을 맺으며 이어지는 대화이동이다. 발화는 현재까지 전개된 대화의 상황을 이해하는 데서 기인한다. 발화의 의미는 발화 상황의 이해와 다른 문맥을 바탕으로 구성되고, "낱말의 문자적" 해석을 넘어서는 의미로부터 차용된다(Clark 1992). 그렇기 때문에 한 대화를 적절하게 이해하려면 의미를 부여하는 문맥을 재구성해야 한다. 여기서 '문맥'이란 발화의 대상을 형성하지 않는 발화의 의미차원, 그리고 발화의 동기나 관련성 또는 기능을 이해하기 위해 해석의 배경으로 끌어들여야 하는 발화의 의미차원을 의미한다.

문맥은 매우 다양한 것을 의미할 수 있다. 예를 들면 아래와 같다.

- 이전 발화의 해석 그리고 그와 관련된 현재 화자에 대한 기대의 해석
- 상대방의 능력과 사전 지식 또는 의사소통 목적에 관한 추측
- 어떤 것의 존재와 그것의 특성 또는 그것들이 가지고 있는 관계의 법칙성에 관한 것
- 대화상대자의 관계와 그들의 권리와 의무 및 권력 수단 또는 거리감과 공감대 및 친밀성의 정도
- 대화 목적과 규칙에 관한 추측
- 청자의 심리적 상태
- 언급되고 있는 사건과 행위들

그렇기 때문에 대화에서 발화가 **단 하나의 문맥만**을 가지고 있는 경우는 **결코** 있을 수 없다. 다수의 잠재적 문맥의 차원 가운데 하나만을 표현하는 것은 언제나 **관점**과 관련된 것이다. 대화참여자 사이의 관계는 대략 의사소통 상황과 상호 관계 또는 상호 기대의 측면에서 기술할 수 있다(Deppermann/Spranz-Fogasy 준비중). 이러한 것들은 서로 다른 문맥적 사실이 아니라, 차별되는 중점 사항에 따라서 상호작용 관계를 기술하는 다양하고 서로 겹치는 방법들이다. 이것은 문맥 기술이 **위계적이고 기능적**으로 나뉘어져 있다는 사실과 밀접한 관계가 있다. 예를 들어 상관과 하급자 사이에서 일방적 요구는 그 관계가 불평등(추상적으로)하다는 것을 의미한다. 이 관계는 참여자들의 서로 다른 권한과 의무 그리고 엄격하게 규정된 상호작용의 규칙이 특징이다. 문맥 분석은 그러므로 다양한 의미영역과 등급이 다양한 문맥 차원의 구체성과 추상성을 참조한다. 문맥 분석을 위해서는 다음의 세 가지 질문이 결정적이다.

- 초점 발화에 무엇이 선행하는가?
- 초점 발화가 선행하는 것에 대해서 어떻게 관계하는가?
- 초점 발화로 **어떤 전제 조건들이** 만들어지는가?

첫 번째 질문부터 시작해보기로 하자(Wootton 1989, 244f.). 많은 발화들은 그들 앞에 다른 특정한 유형의 발화가 선행하기 때문에 특정 유형의 발화가 된다. 가령 대답이 되려면 그 앞에는 반드시 질문이 있어야 한다. 그리고 이의제기는 앞서 제기된 주장에 대한 반응이다. 발화유형 '이의제기'와 '대답'은 그렇기 때문에 **상대적**이다. 이것들의 정의는 선행하는 활동에 대한 특정한 관계를 포괄한다. 발화기능의 재구성을 위해서 거의 언제나 선행하는 상호작용의 과정을 고려하는 것이 필요하다. 그 이유는 한 발화의 기능의 본질이 발화 이전에 존재하는 대화의 상태(예:한 참여자가 주장을 함)를 새로운 대화의 상태(예:두 번째 화자가 주장에 동조하거나 주장을 물리치는 것)로 변화시키는 데 있기 때문이다. 선행 대화 상태가 가지는 또 하나의 중요한 역할은 초점 행위의 수행에 필요하거나, 최소한 유리한 조건을 창출하는 데 있다. 이는 이야기나 상담과 같이 복잡한 사태의 스키마와 행위의 스키마의 시작과 선취적 암시에서 잘 볼 수 있다. 자세히 말하자면 복잡한 이야기나 상담에서 연계의 문제가 차후에 발생하지 않게 하려면, 앞으로 올 것이 예고되어야 하고 참여자들에 의해서 인증되어야 한다(Kallmeyer 1985). 그러니까 선행하는 발화는 다양한 방법으로 후에 오는 초점 발화에 매우 중요하다. 즉 선행발화는 초점 발화에 대한 특수한 기대를 갖게 하는 유발, 사전조건, 기회 또는 시작일 수가 있는 것이다(V 참조).

문맥분석의 두 번째 문제는 두 종류이다. 선행하는 대화기여 가운데 **어떤 것에** 발화가 관계하는가, 그리고 초점 발화가 선행하는 발화와 **어떤 관계**에 있는가? 이러한 질문들은 특히 텍스트언어학에서 자주 다루어졌다(Vater 1994). 그리고 그러한 질문들은 대화의 기록 자료들이 왜 '**텍스트**'로 불리는지(라틴어 'tegere' = 짜다)에 대한 이유이기도 하다.10) 이는 단지 매체적 특성에만 기인하는 것이 아니다(텍스트는 문자 형태로 나타난다). 텍스트 개념에 대해서 이론상 중요한 것은 '**응결성**(cohesion)'과 '**응집성**(coherence)'으로 불리는 구조적 특성, 즉 텍스트의 조직이다. 그것의 본질은 개별 텍스트 요소가 독립적이지 않고 서로 관련을 맺을 때야 비로소 적절하게 해석되는 데 있다(Halliday/Hasan 1976). 발화는 대개 선행하는 발화와 관련하여 표현된다. 이와 관련하여 회화분석은 **국지적 생산**을 언급하고 있다. 발화들은 (대개) 사전에 만들어진 소품이 아니라, 경우에 따라 상세한 모습으로 생산되는 것이다(Schegloff 1984). 국지적 생산의 원칙을 나타내는 표현 하나가 응결적 관계이다. '응결성'이란 텍스트 요소가 텍스트의 표면에 의존되어 있음을 보여주는 통사적 표시를 일컫는다(Beaugrande/Dressler 1981,

---

10) 물론 텍스트언어학에서 보통은 다른 화자가 행한 발화 사이의 특수한 관계를 고려하지는 않았다.

50ff.). 여기에 속하는 것으로는 대용사(代用詞)(예:대명사), (부분적) 반복어, 바꿔 쓰기, 생략(=생략된 구조), 연결사, 시제, 양상 또는 아래에 언급될 초점사 등과 같은 문법 형태와 자질들이다. **응결성**의 표시는 발화들 사이의 관계를 형성하는 언어적 수단이다. 그렇지만 관계들 가운데 많은 것들은 문법적으로 코드화 되거나 명시적으로 거론되지 않고 단지 **추론적으로 해석**될 수 있을 뿐이다. 그러한 관계들은 순수 문법 및 의미적 지식으로 재구성되는 것이 아니고, 행위와 세계에 관한 지식을 필요로 한다. 그러한 관계는(응결성 관계와 더불어) 텍스트의 응집성을 구성한다(Allen 1995, 15f.). 그러므로 응집성은 텍스트 표면에서 직접적으로 볼 수 있는 것이 아니다. 이는 해석에서 기인하는 것이고 사태나 행위 그리고 행위 유형 사이의 전형적이고 기대할만한 관계에 대한 특수한 **배경 지식**을 요구하는 것이다(6.4).

대화에는 **국지적 응집성의 원칙**이 성립된다(Sacks 1987). 여타의 발화가 중요한 문맥을 표현하지 않는다는 사실이 명시적으로 나타나 있지 않는 한, 바로 직전에 선행한 발화가 현재 발화에 대한 관련성의 틀을 형성한다. 국지적 응집성의 원칙은 직접적으로 연속하는 발화 사이에서 명시적으로 표현될 필요가 없는 응집성의 관계를 창출하는 역할도 한다. 이는 여러 명의 화자들이 수행한 발화들 사이의 관계와 마찬가지로 한 명의 화자가 수행한 여러 발화 사이의 관계에서도 마찬가지로 적용된다. 그렇기 때문에 예를 들어 "그래서"로 연속되는 사건의 기술은 뒤에 발생한 사건이 앞선 사건에 따라서 발생했다는 사실뿐만 아니라, 뒤의 사건이 앞서 발생한 사건을 **바탕으로** 나타난다는 사실을 예상할 수 있다. (=Prinzip des 'post hoc ergo propter hoc'). 발화 사이의 응집성 관계는 '의 결과이다', '을 위한 설명/이유이다', '에 관한 자세한 설명이다', '에 대한 모순적 관계이다' 등의 관계로 나타난다.

색스(Sacks 1972)가 제시한 전형적인 예가 국지적 응집성의 원칙을 잘 설명해주고 있다. 발화연속체 "The baby cried. The mommy picked it up"에서 (거의) 'it'은 거의 모두가 앞의 'baby'를 가리킨다고 설명할 것이다(그 실내에 있는 의자 같은 것을 가리킨다고 해석하지는 않을 것이다.) 또 두 사건은 연속해서 발생한 것이지 그 사건 사이에 몇 시간이 놓여 있을 것이라고는 생각하지 않을 것이다. 그리고 'mother'는 아기의 엄마이고 아이가 울기 때문에(가령 그녀가 아이의 엄마라는 사실을 그제서야 비로소 깨달았기 때문이 아니라) 엄마가 아이를 안을 것이라고 생각할 것이다. 여기서 해석이 차이가 나는 것은 문법 또는 어휘를 잘못 이해해서가 아니라는 사실을 유의해야 한다! 보통의 해석은 국지적 해석의 원칙에 따른 것이다. 그리고 범주 구성원(여기서는 엄마)의 전형적인 행위와 동기에 대해서 문화적으로 널리 알려져 있는 배경 지식이 응집성이 발생하는 데 이용된다는 사실로부터도 도움을 받는다.

그러나 국지적 응집성의 원칙도 다음의 경우 효력을 상실할 수도 있다.

- 선행 지시 또는 후행 지시(칼마이어(Kallmeyer 1978)에 의하면 "다시 한번 더 x를 이야기하자면", "x를 이야기하기 전에", "어쨌든" 등은 **초점 변화사**)
- **위치변경 표시** (세글로프/색스(Scheglof/Sacks 1973)에 의하면 "추가적으로 말하자면", "이제 막 생각나는데"는 **위치오류 표시**)
- **삽입 연속체** (예를 들어 질문에 대해 답하기 전에 먼저 그 답을 위한 전제 조건을 해결하기 위한 역질문으로 반응한 경우, 세글로프(Schegloff 1968)의 용어로는 **'insertion sequence'**).

이러한 이유로 대화는 일선적인 시간의 연속성 이외에도 **위계적으로 층위가 이루어진 거시 구조**를 가질 수 있다. 복잡한 스키마에 따라서 전개되는 긴 이야기 또는 상호작용의 경우 그러한 거시 구조는 구조를 자체적으로 기술함으로써 분석될 수 있다(6.1). 국지적 응집성을 없앨 수 있는 또 다른 유형은 화자가 선행 화자에 대해서 반응을 하지 않고 자신이 한 마지막 발화에 이어서 발화를 하는 경우이다('자체 응집성').

자체 응집성은 여러 상호작용 유형(인터뷰, 심문, 의사의 병력 질문)에서 구성적이다. 그것은 역할과 관련된 불균형성과 화자의 대화 실행방법의 계획을 나타내 줄 수도 있기는 하지만(Foppa 1990; Heritage/Roth 1995), 오해나 무관심 그리고 서로 엇갈려 이야기하는 것으로 해석될 수도 있다.

문맥분석의 세 번째 질문은 초점 발화로 어떤 전제 조건이 만들어지는가에 관한 것이다. 화자가 비록 관계성의 문맥을 명시적으로 언급한다고 하더라도 그것은 중요한 상호작용의 조건들 가운데 한 측면에 불과하다. 반면에 여타의 것들은 함축적으로 전제되는 것이다.11) 그러한 **함축적 전제 조건**의 재구성과 관련하여 다음과 같은 기초적 질문들이 있다. 어떤 상황에서 그러한 말을 하는가? 어떤 이야기에 그러한 발화가 적절한가? 우리는 발화를 (또는 대화 부분의 전체를) 이야기의 단계로 생각할 수도 있다. 모든 이야기는 서로 겹쳐서 나타나는 사건으로 구성된다. 개별적 사건의 의미는 그 이야기를 발생하게 한 바로 그 대화기여 안에 있다. 이러한 관점에서 이야기의 한 부분을 보면 초점 연속체가 기여할 수도 있는 여러 이야기들을 상상할 수 있다. 그러므로 초점 활동이 역할의 **한 부분**을 담당할 수 있는 **잠재적 전체**를 찾아야 한다(이야기, 시나리오, 상황, 자기 설계, 관계 설계). 그리고 나서 전체에 대한 그 부분의 특수한 기능뿐만 아니라 전체의 속성에 대해서도 알아보아야 한다. 이때 개별적 형태들과 대화의 실행방법은 대개 범위가 매우 넓은 **잠재적 기능**이다. 그러한 것들은 매우 다양한 유형의 문맥을 가리킬 수 있다. 사례의 관련성 안에서야 비로소 그것의 관계성이 구체화되고 명확해 진다.

---

11) 여기서는 함축적 전제의 여러 유형들은 구분하지 않겠다. 이는 여러 다른 그리고 언어화용론의 이론에 따라서 각기 다르게 이해되고 전제, 함축, 화행의 성공조건 등으로 간주되기 때문이다.

함축적 문맥의 차원의 재구성을 위해서 매우 중요한 것은 **문맥화 지시**로 이용될 수 있는 발화 형태 자질들의 분석이다(II를 보라). 발화의 형태는 문맥 추측에 대한 단초를 제공하고 오로지 발화의 내용적 해석 하에서만 생각할 수 있는 많은 문맥을 배제한다. 여기서 중요한 것은 무엇보다도 운율과 어휘선택 그리고 상투적 표현법이다(Gumperz 1982). 문맥화 지시의 해석을 위해서 많은 경우 민족지학적 지식이 반드시 있어야 하는 것은 아니지만 많은 도움이 된다(예 집단어, 전문용어 또는 연상작용을 풍부하게 일으키는 억양방식이 사용되는 경우, 6.4 참조).

함축적 전제의 특수한 유형은 해당 대화에서 기인하는 것이 아니고 다른 이야기나 매체 또는 문학 등에서 기인하는 관련 발화 또는 관련 텍스트에 관한 지식이다. 많은 경우 간텍스트적 관계(Plett 1991)를 인용과 암시 그리고 말장난과 희화화 및 풍자 등의 형태로 인식하고, 그것들의 다양한 면을 맛보기 위해서 원래의 문맥(원문, 원저작자, 텍스트의 수용자, 표현의 이면에 있는 의도 등)에 관한 심오한 지식을 필요로 한다. 이때 잠재적인 간텍스트적 의미차원 중에서 어떤 측면이 대화에서 중요한지, 그리고 간텍스트성에 의해서 생성된 의미 효과 가운데 어떤 것이 연구되는 대화에서 실제로 역할을 하는지에 관해서 결정하는 것이 어려울 때가 많다.[12]

대화기여와 문맥은 **재귀적 관계**에 있다. 즉 그들은 서로에게 영향을 끼치고 있다(Auer 1992). 대화기여의 의미는 한 편으로 대화기여가 이해될 수 있는 전제된 문맥으로부터 밝혀낼 수 있다. 동시에 대화기여는 개개의 대화순간에서 문맥의 효력을 창출하거나 확인한다. 그리고 이것은 부분적으로 대화기여가 문맥이 함축적으로 주어진 것이라고 전제함으로써 이루어진다. 그러니까 문맥은 대화과정과는 독립적으로 존재하지 않는다. 참여자들은 서로에게 어떤 문맥에서 그들이 활동을 하고 있는지

---

12) 하르퉁(Hartung 1998)은 대화에서 풍자의 예를 들면서 그러한 어려움을 자세하게 보여주고 있다.

를 상응하는 지시를 통해서 지속적으로 보여주어야 한다. 그렇게 하지 않으면 불확실성과 오해가 발생한다. 다시 말해서 대화참여자는 주어진 문맥 안에서 정적으로 머무는 것이 아니다. 새로운 문맥의 신호가 오면 지나간 문맥은 포기한다. 그래서 우스개 소리를 시작하기 위해서 진지하게 잠시 서로 이야기를 하거나, 혹은 경우에 따라서 서로를 상담자, 도움을 필요로 하는 사람 또는 고해신부로 간주하고 인정한다. 문맥은 대화에서 신호를 보내고 지속적이고 변화하는 **역동적인 관련성의 차원**이다.

→ 문맥 분석에 관한 문제

- 발화 사이에 응집적 관계가 있는가, 그것들은 어떤 유형의 것인가(예: 대명사화, 반복, 어휘적 대체)?
- 발화 사이에 어떤 응집성이 있는가? 무엇을 통해서 그것들이 창출되는가? 그것들은 명시적으로 만들어졌는가, 아니면 단지 암시되거나 아무런 표지가 없는가? 어떤 지식의 전제 조건이 그러한 응집성을 창출하기 위해서 필요한가?
- 발화 형태의 어떤 자질들이 문맥화를 가리키는가? 무엇이 중요한 문맥으로 이용되는가?
- 무엇이 초점 발화 또는 연속체에 선행하는가? 누가 이전에 발화를 했는가?
- 선행하는 것은 어떤 유형의 것이고 어떤 범위 내에서 그것이 초점 발화를 위해서 (필요하고 유리한) 조건을 창출하는가?
- 어떤 발화에 초점 발화가 연결되고 그것에 대해서 어떤 관계가 창출되는가? 초점 발화가 선행 발화의 특성에 대해서 (어떻게) 관계하는가?
- 언제 문맥이 도입되고 포기되는가? 문맥이 바뀌는데 어떤 것이 동기를 부여하고, 새로운 문맥이 도입될 때 어떤 기능이 발현되는가?
- 간텍스트적 관계가 있는가? 관계하는 텍스트 또는 본래 문맥의 측면들 가운데 지시가 어떤 것을 가리키고, 그러한 측면들은 어떻게 다루어지는가(풍자로, 권위를 나타내기 위한 인용으로, 조롱으로)?

> - 대화의 진행 중에 전개되는 문맥의 변화는 얼마만큼 의미를 가지고 있
>   는가? 표면적 측면에 의미를 갖는가 아니면 근본적인 (관계의) 질적 의
>   미를 갖는가?
> - 문맥의 교체가 기능적으로 서로 연결되어 있는가?(예를 들면 사업상
>   담에서 잡담의 연속체는 어떤 역할을 하는가?)
> - 대화참여자들은 문맥과 관련된 가정을 서로 공유하고 있는가? 관련된
>   문맥을 정의하는 데 서로 대립되는 입장을 가지고 있는가? 그들이 서로
>   다른 상황인식을 하고 있기 때문에 서로 엇갈리는 대화를 하고 있는가?
>   문맥에 대한 가정은 일방적으로 관철되었는가, 협상을 통한 결과인가,
>   또는 그저 대략적으로 간주되었는가?

V. 후속 기대

모든 발화는 **시간적으로 이중성**을 가지고 있다. 발화는 선행하는 문맥을 바탕으로 이루어지고, 후속하는 발화에 대해서는 문맥의 역할을 하기도 한다. 즉 발화는 후속 발화를 형성하고 해석하는 데 고려되어야 한다(Heritage 1984a, 245~264). 이러한 관련성은 **사회적 기대**에 그 근거가 있다. 한 유형의 발화는 특정 유형의 다른 발화가 이어지리라는 기대감을 갖게 한다. 초점 발화(예:질문)가 특수한 반응(예:대답)을 유발하는 특성을 가지고 있다면, 이러한 특성을 '조건적 관여성'이라고 한다. 첫 번째 발화는 특정 유형의 후속 행위 하나가 중요하게 되는 조건을 창출한다.

하나의 발화로부터 출발하는 조건적 관여성에 대한 전형적인 예는 이른바 **'인접쌍'**('adjacency pairs', Schegloff 1968)이다. 인사-인사, 질문-대답, 사과-수용 등이 그 예이다. 이러한 쌍은 다른 화자에 의해서

연속해서 생산되는 두 부분으로 이루어져 있다. 한 화자가 첫 번째 부분을 생산하면, 두 번째 부분을 기대하거나 심지어는 요구하기도 한다.

일반적으로 후속 기대는 이어지는 발화의 구체적인 형태를 확정하지는 않는다. 단지 후속하는 것으로 가져야 할 적절한 특성만을 확정한다. 구조주의적 용어로 표현하자면 후속 기대는 선행 발화의 특성에 부응하는 대화기여로 채워질 수 있는('filler') 특정 자질을 갖춘 빈자리(slots)를 만든다. 하나의 초점 대화기여 A에 의해서 효력이 발생하는 후속 기대와 실제의 후속 대화기여 B 사이의 관계는 세 종류가 있다.

1. **선호** 후속 : B는 A에 의해서 창출된 기대감을 해소한다.
   예 : B는 A의 질문에 대해서 충분하다고 여겨질 수 있게 대답을 한다.
2. **비선호** 후속 : B는 기대감을 해소하지는 못하지만 그 기대감을 알고 있음을 보인다.
   예 : B는 A가 질문에 대한 대답을 알지 못하거나 또는 질문이 잘못 설정되어 있기 때문 등의 이유로 대답을 할 수 없다고 설명한다. 즉 B는 아무 것도 말하지 않는 것이 아니라 A의(알고 있다고 여기고 있는) 기대감에 관심을 가지고 있고 B가 그의 기대를 알고 있기는 하지만 그 기대에 부응하지 못함을 A에게 보여주는 행동을 한다.
3. **무시** 후속 : B는 기대감을 알고 있거나 그에 대해서 관심을 가지고 있다는 것을 보여주지 않으면서 기대에 부응하지 않는다.
   예 : B는 질문에 대해서 대답을 하지 않거나 대답으로 여겨지지 못할 행위를 한다(예:정치인 인터뷰에 자주 나타남). 여기서 결정적인 것은 B가 그의 행위가 기대와는 동떨어져 있다는 사실을 알고 있는지 모른다는 사실이다.

이러한 세 경우에서 이어지는 대화기여 사이의 기대의 관련성이 **규범적 규칙**에 의한 것이지 통계적 가능성에 의한 것이 아니라는 것을 알 수 있다.13) 두 번째 경우에서는 B가 기대에 부응하지 않는 바로 그 방식으로 B가 그 기대에 관심을 가지고 있음이 나타난다. 세 번째 경우 A가 자신의 행위를 다시 한 번 되풀이함으로써 부응되지 않은 기대를 여전히 품고 있음을 보여주는 사례가 자주 있다. 특히 이 경우는 "무례함", "거만함" 등과 같은 표현으로 성격이 규정된다. 발화는 이어지는 행위의 유형을 제한할 뿐만 아니라, 실제로 그 발화에 이어지는 것들에 대한 **해석**도 역시 제한한다(Heritage 1984a, 247ff.).

규범적 기대는 다른 사람의 후속 행위뿐만 아니라 발화를 한 당사자에게도 적용된다. 모든 발화는 **특정 행위 유형**과 관련하여 그 발화의 화자가 스스로 의무를 지게 하는데, 이를 화행론에서는 **'적정 조건'**이라고 부른다('felicity conditions', Levinson 1990, 5장). 이 자기의무는 화자의 후속 행위에 적용될 수 있다. 그래서 이야기의 예고 후에는 이야기가 시작되어야 하고 이야기의 정점이 상세하게 기술되어야 하며 청자가 금방 이해하기 어려운 부분은 알기 쉽게 설명하여야 하는 등의 기대를 갖게 한다(Schütze 1987). 다른 적정 조건은 하나의 언어행위가 유효성을 갖으려면 반드시 충족되어야 할 조건들과 관계가 있다. 청자가 화자에게 적정 조건이 충족되었음을 밝히라는 요구를 할 수 있다. 예를 들어 A가 애매 모호한 주장을 할 경우 B는 근거제시나 증명을 요구할 수 있다. A가 질문을 한 경우 B는 A가 왜 그것을 알고자 하는지 등에 관한 질문을 하면서 응대할 수 있다.

기대는 개별 발화에 제한된 관점에만 국한되는 것이 아니고 보다 추상적인 관점에서도 형성된다. 지금까지 상호작용에서 참여자들의 특정한 관계와 교류의 양식 그리고 주제 등을 다루는 방식의 선별이 이루어졌다면, 이로부터 다음에 올 것에 대한 기대감과, 경우에 따라서는 의무도

---

13) 물론 빈도의 분포는 그러한 규칙에 대한 암시를 할 수 있지만 규칙의 타당성은 개별 사례에서 증명되어야 한다.

생겨난다. 발화가 선행 발화의 기대감과 관련이 없이 수행된다면 금방 눈에 띄기 때문에 다른 문맥에서 가질 수 없는 의미를 가지게 된다. 상호작용 참여자들은 발화 "그 자체" 내에 있는 의미에 대해서는 관심을 가지고 있지 않다. 발화가 이 순간에 대화의 일반적으로 진행하는 방향을 지속시키거나 변화시키는 특수한 양상에 관한 것이 관심이 가는 것이다.

대화분석에서는 후속 기대를 경험적으로 추론하는 것이 중요하다. 그렇기 때문에 초점 발화에 의해서 창출되는 기대의 재구성은 가능한 모든 참여자의 실제 후속행위, 즉 가능한 상호작용의 **결과**(VI를 보라)에 의존해야 한다. 대화참여자들은 자신의 반응을 통해 어떤 기대가 스스로에게 주어졌는지, 기대가 충족되었는지, 기대 충족이 어떻게 해석되고 판단되었는지 등을 보여준다. 비록 대개의 경우 대화분석자로서 자신의 의사소통 능력을 바탕으로 후속 기대에 관한 가설을 설정하는 것을 피할 수 없고 방법론적으로도 필요하기는 하지만, 그러한 본능을 실제로 진행된 상호작용 안에서 확실하게 검증하려는 노력을 게을리 해서는 안된다(6.4를 보라).

→ 후속 기대에 관한 질문

- 어떤 후속 기대가 초점 발화에 관련되어 있는가? 그것이 조건적 관여성을 창출하는가? 다음 화자에게 행위의 의무를 부과하는가?
- 초점 발화 뒤에 어떤 후속 가능성이 나타나는가? 후속행위의 어떤 측면을 위해서 초점발화가 기대를 창출하는가, 어떤 측면이 확정되지 않는가?
- 어떤 것들이 선호되는 연결이고, 어떤 것들이 선호되지 않는 연결인가?
- 다음 화자가 선행발화에 의해서 자신의 발화에 대해서 특정한 기대가 주어졌다는 사실을 (어떻게) 알고 있음을 보이는가?
- 초점 발화의 화자가 다음 화자(일반적으로 수용자)에게 어떤 기대를 하고 있음을 (어떻게) 알게 해주는가? 화자가 이후의 대화 진행 과정에서 다음 화자에 대한 자신의 기대가 어떠한 것이었는가를 보이는가?
- 화자가 발화를 함으로써 어떤 의무를 자신에게 부과하는가?

Ⅵ. 상호작용의 결과

상호작용의 결과, 즉 초점발화에 이어지는 발화인 **반응**에 대한 연구는 아마도 **대화분석에서 가장 중요한 과제**일 것이다. 상호작용의 결과는 대화참여자들의 실제 행위와 해석을 재구성하는 데 가장 소중한 자원이다. 그 이유는 대화참여자들이 상호이해와 행위의 연계를 확실하게 하고자 할 때 어떻게 서로 이해하고 있는가를 보여주어야 하기 때문이다. 대화참여자들이 **서로에** 대한 반응을 통해서 초점 발화의 해석을 구체적으로 보여주고, 동시에 우리 분석자에게는 해석의 가설과 규칙의 재구성을 전개하는 데 출발점과 검증의 기준을 제시한다. 대화참여자들과 마찬가지로 우리도 분석을 하는 데 반응을 참조한다(Sacks et al. 1974; Schegloff 1997). 초점 발화 또는 연속체에 이어지는 활동의 기록과 분석 그리고 보여주기는 연구과정과 사건의 설명을 위해서 필수적이다. 왜냐하면 그렇게 해야만 상호작용 참여자가 요구되는 원칙을 실제로 따르는가를 검증할 수 있기 때문이다. 셰글로프(Schegloff 1991)는 이러한 종류의 기준을 'procedural consequentiality'(대략 '차후의 대화진행 과정을 위한 체계적 반응의 결과'로 번역됨)이라고 명명하였다. 해석과 해석의 기저에 있는 행위의 원칙이 차후의 대화 진행 과정에서 상호작용자들의 행위를 이끄는 기제라는 것이 입증되어야 비로소 대화이동의 해석이 타당성을 갖게 된다.

대화참여자뿐만 아니라 분석자에게도 대화활동의 해석이 나타나 있는 반응은 매우 중요한데, 그 이유는 발화의 의미가 단순히 사전적 의미에서 나오는 것도 아니고, 어떤 언어학이나 심리학 등의 이론에서 도출되는 것도 아니기 때문이다. 발화는 상호작용의 과정 그 자체로부터 도출되는 것이다(Garfinkel/Sacks 1976). 물론 상호작용 참여자들은 대화를 할 때 발화의 잠재적 의미를 알고 있어야 한다. 이는 대화분석자에게도 또한 적용되어야 하는 사실이다. 그러나 그러한 발화의미에 관한 지식은 발화가 무엇을 말하려고 하는지에 관해서 최종적으로 그리고 결정적으로 규정하는 기제가 절대 아니다. 확정된 의미를 가지고 시작하면 상호작용의 근본적인 특성에 대립될 것이다. 의미는 상호작용의 과정 중에서 **협상**된 결과이다. 개별 발화의 해석은 매우 **모호하게** 정해진 경우가 많다. 해석은 **유연**하게 해야 하고 나중에 변화되거나 기대하지 않았던 방향으로 특화될 수 있다. 화자는 다른 사람이 자신을 원하는 방식으로 이해하도록 (또는 너무 잘 이해하지 못하도록!) 몇 가지 일을 할 수 있기는 하다. 그러나 발화의 상호작용적 의미가 발화가 만들어지는 그 순간에 최종적으로 결정되는 것은 아니다. 즉 화자에 의해서 일방적으로 고정되는 것이 아닌 것이다.14) 의미는 차후에 수정될 수 있다.

모호성과 유연성 그리고 교정성과 협상성은 여러 형태로 나타난다.

- 'formulations'(Heritage/Watson 1979)는 발화 혹은 대화에 관한 발화이다 : 예고, 바꿔 말하기, 요약, 설명
- 'reframings' (Goffman 1977)은 앞서 수행된 발화의 행위적 특징을 새롭게 규정해 준다. 예:농담, 풍자, 다른 사람 의견의 재현, 오해에서 기인한 것으로 치부 등. 이러한 것들은 말한 것의 이해를 수정하는 의미 해독법을 제시함으로써 의미의 유연성과 모호성을 자신의 목적에 유리하게 이용한다. 누가 무엇을 "실제로" 뜻했는지에 관한 다툼에서 발화의 유연성이 확연하게 드러나게 난다.
- 'accounts'(Heritage 1988)는 동일 화자의 다른 발화를 지칭하고 그것을 변호하거나 설명한다.
- '교정'('repair', Schegloff et al. 1977)은 이미 말한 것에 대한 개선된 표현법을 제공한다. 교정은 실수한 화자 또는 대화상대자에 의해서 시작되고 수행될 수 있다.

---

14) 참여자가 다른 사람의 행위를 고려하지 않고 발화의 결정적 해석 또는 타당성을 규정하거나, 대화참여자가 의미 협상을 멀리한다면 이는 대개 상호작용의 매우 중요한 특징을 나타내는 것이다. 그러한 경우는 극도로 **불평등적**이고 **권력에 따라서 조정**된 상호작용이거나, 참여자들이 거의 확실하게 예견할 수 있는 의례화된 상호작용일 것이다.

상호작용적 결과의 분석과 그와 관련된 초점 발화 의미의 협상은 네 가지 위치에서 고려될 수 있다(Schegloff 1972a)[15].

1. 화자 스스로에 의한 발화의 지속
2. 대화상대자에 의해서 곧바로 이어지는 반응
3. 2의 대화상대자 반응에 대한 초점 발화 화자의 반응
4. 대화의 나중 진행 과정 중에 초점 발화로의 재연계

초점발화에 발화순서 구성단위가 계속해서 이어지는 경우, 이들이 초점 발화를 얼마나 해명하는가를 분석해 볼 수 있다. 한 화자의 대화기여 내에 있는 단위들의 순서에 관한 일반적 문제는 이미 II의 '표현의 역동성'에서 언급한 바 있다. 여기서는 **차후에 이어지는 대화기여 요소를** 이용하여 선행 대화기여 요소에 대해서 화자가 어떤 기능과 해석을 부여하는가가 보다 특수한 문제가 된다. 이 질문은 길이가 긴 대화기여(예: 자전적 이야기, 유머) 또는 독화적 발화를 분석하고자 할 때 특히 중요하다. 그러한 발화들은 수용자의 반응이 매우 단편적이거나 내용이 불명확하거나, 심지어는 자료 획득이 불가능해서 분석의 자원으로서 그리고 검증을 위한 기준으로서 배제되는 문제를 야기한다. 모든 발화의 요소가 교체하는 화자의 역할처럼 후속 기대를 동반하고, 이전에 이야기된 것의 해석을 의미한다는 사실로부터 방법론적으로 출발한다면 점차적으로 펼쳐지는 의미전개와 의미규정의 연속체적 분석의 원칙은 그럼에도 불구하고 사용될 수 있다.

회화분석에서 해석의 전개와 유효성 확인에 가장 널리 이용되고 선호

---

15) '위치'는 대화기여 또는 발화와 동일시되어서는 안 된다. '위치'는 초점 요소를 해석하는 연속체 내의 위치로서 규정되고, 모든 '위치'는 초점 발화와 참여 역할(생산자 또는 수용자) 사이의 관계를 통해서 정의된다. 그래서 예를 들면 여러 개의 수용자 반응이 있을 수 있기 때문에 여러 개의 대화기여가 두 번째 위치에 올 수 있다. 반대로 초점 발화와 전혀 관계가 없는 대화기여는 아무런 위치도 가지고 있지 않다.

되는 수단은 초점 발화에 대한 대화상대자의 반응(='second position')
을 연구하는 것이다. 이것은 비록 이전 발화가 어떻게 이해되어야 할지
를 명시적으로 보여주기는 하지만, 상호이해는 보통의 경우 '부차적으로'
확립된다. 그 이유는 모든 새로운 발화가 **시작적 요소**(새로운 대화의 사
실을 창출함)와 **반응적 요소**(이전 발화에 대한 해석과 그에 대한 입장
표명을 의미함)를 모두 가지고 있기 때문이다(Clark 1992). 반응적 요
소는 대개 축약된 형태로 나타나거나(피드백을 통해서) 또는 간접적으로
표현된다. 다시 말하자면 반응적 요소의 수행 방식과 양상을 통해서 선
행 발화의 해석을 알 수 있도록 하는 언어행위로 표현된다. 그렇기 때문
에 대답하는 사람은 "그것은 질문이었다"라는 말을 하는 것이 아니라 대
답을 함으로써 앞선 발화를 질문으로 이해했음을 보여준다. 그러니까 선
행하는 초점 발화에 대한 이해의 기록 방식은 이어지는 발화가 초점 행
위의 이해를 추론하는 특정 이해 상태를 내포하고 있을 때 스스로 이해
되고 수용되는 방식인 경우가 많다. 예를 들어 역비난은 앞선 상대자의
발화가 비난으로 파악되고 그리고 수용되지 않았다는 사실에서 출발할
때야 비로소 역비난으로 이해되는 것이다. 초점 발화로 창출되는 후속
기대의 경험적 분석을 위해서 초점 발화에 대한 반응은 특히 중요하다
(V 참조). 반응을 통해서 대화상대자는 어떤 기대를 받고 있는지, 그리
고 그 기대에 대해서 어떻게 해야 하는지를 이해하게 해준다. 그러한 방
식으로 한편으로 간주관적 기대를 재구성 할 수 있고(예:초대는 받아들
이거나 사양해야 한다), 다른 한편으로는 기대에 대해서 개별 의사소통
사회에서 어떻게 적절한 방식으로 대처하는 가와 관련된 여러 변이 형태
와 선호를 확인할 수 있도록 한다(예:기쁨 또는 명예로움을 표현하는 방
식으로 초대를 수용하는가? 어떻게 초대를 정중하게 사양하는가?).

　　대화상대자의 반응을 바탕으로 초점 발화의 화자는 자신의 초점 발화
를 대화상대자가 어떻게 이해했는지를(다소간의 차이는 있을 수 있지만
명확하게) 알 수 있다. 이제 그는 **제 3 위치**('third position')에서 상

대방의 이해에 대해서 입장 표명할 기회를 갖게 된다(정확히 말하자면 자신의 초점 발화에 대한 상대방의 반응을 어떻게 이해하고 있는가를 표현한다.). 이러한 입장표명은 근본적으로 제 2 위치에서의 반응과 동일한 특성을 가지고 있다. 그것은 대개의 경우 부차적으로만 수행된다. 하지만 협상과 이해의 확립을 위해서 명시적으로 수행되기도 한다(예:자기교정, 진위 확인, 추가로 삽입된 근거제시 등). 제 3 위치는 대화참여자와 분석자 모두에게 **의도 분석**을 위한 매우 중요한 자원이다. 그 위치에서 초점 발화의 화자는 대화 상대자가 제 2 위치에서 예를 들어 적절하지 않은 이해상태를 보이거나 바라지 않은 결과를 보이거나, 아니면 설명 또는 교정을 유발한 경우 그가 제 1 위치에서 무엇을 의도했는지를 명확히 할 기회를 갖게 되고 경우에 따라서는 명확히 해야 하는 의무를 지게 된다.16) 제 3 위치는 후속 기대와 그와 관련된 조건적 관여성 및 초점 요소로부터 출발하는 선호에 관한 가정을 위한 검증이기도 하다. 다시 말하자면 대화 상대자가 초점 발화에 대해서 반응을 한 방식을 초점 발화의 생산자가 수용할지가 제 3 위치에서 결정된다, 다시 말하자면 초점 발화의 생산자가 제 3 위치에서 대화상대자에 의해서 확립된 규칙을 공유하는지, 그리고 어떤 규칙과의 관계 하에 후속 반응(예:농담, 접근 불가능한 정보, 농담으로)을 해석할지 결정하는 것이다.

- 제 1 위치 : 초점 발화
- 제 2 위치 : 대화 상대자의 반응
- 제 3 위치 : 대화 상대자의 반응에 대한 초점 발화 생산자의 반응

위의 세 단계는 대화의 진행 과정에서 상호 주간성 생산의 체계적인 기본구조를 나타낸다. 대화참여자들은 초점 요소의 해석을 서로에게 차례로 보여준다. 또 상대방의 해석을 어떻게 이해했는 지와 해석이 서로 일치하는지를 보여주기도 한다(Clark 1996). 그렇게 해서 얻은 상호주간성은

---

16) 물론 의도 분석은 인식과 관련된 질문과 마찬가지로 문제가 많다.

'공식적'이다. 이 간주관성은 서로에게 관계하는 것을 모든 참여자들이 연속적으로 보고 듣는 사건에 그 본질이 있는 것이지, 공유된 의식의 상태 또는 단지 사변적이거나 사전 지식에 근거하는 느낌에 있는 것이 아니다.

상호이해를 확고하게 할 때 경제의 원칙을 바탕으로 한다. 후속하는 행위의 연계를 보장하고 사회적 관계를 손상시키지 않기 위해서 필요한 만큼만의 노고가 이루어진다. 그러한 이유로 제 3 위치가 협상과정 체계의 마지막 위치인 것이다(Schegloff 1992a). 자세하게 말하자면 제 3 위치에서 초점 발화의 생산자가 초점 발화에 대한 상대방의 반응을(단지 암묵적이라고 하더라도) 수용하였다는 사실을 대화참여자들이 검증하는데 제 3 위치가 이용된다. 수용이 된다면 대화 상대자의 반응이 적절하고, 그럼으로써 또한 공유된 해석으로 간주될 수 있는 것이다. 그럼에도 불구하고 그 해석은 단지 그 다음 것에만 국한된다. 왜냐하면 대화가 진행되는 동안 수정이 이루어질 수 있고 사이사이에 일어나는 일이 새로운 조명을 받을 수 있으며, 예를 들면 참여자들의 서로 다른 결론을 바탕으로 초점 요소의 해석에 대해서 완전하게 일치하지 않았다는 사실이 드러날 수도 있기 때문이다. 대화적 의미구성을 집중적으로 할 때 초점 요소를 재해석하는 재연계 이후에 진행된 대화의 부분을 찾아보아야 한다. 이를 통해서 예를 들면 개별 표현의 의미가 정확하게 묘사되고, 구조 형성의 원칙을 바탕으로 연구될 수 있다(예:Deppermann 준비중; VII 참조).

> **→ 상호작용의 결과에 대한 질문**
>
> 대화기여 연속에 대한 질문
>
> - 나중의 대화기여 요소가 이전의 해석을 명확하게 하는가? 아니면 수정이나 교정 그리고 설명을 요구하는가?
> - 나중의 요소들이 이전의 것들에 대해서 어떤 기능을 갖는가?

제 2 위치에 대한 질문

- 후속 화자가 선행 발화에 대해서 어떻게 반응하는가? 그들이 선행발화를 어떻게 해석하는지를 알게 해 주는가, 그렇다면 그 해석의 양식은 어떠한가?
- 이전 발화의 해석은 어떻게 보여지는가? 반응이 얼마나 명확한지, 상세한지 또는 해석 가능한가? 반응이 이전 발화의 잠재적 의미 가운데 어떤 측면과 관계하는가? 그리고 그 가운데 무엇을 다루지 않는가? 상호이해를 확립하기 위해서 질문들이 명확하게 언급되는가?
- 상호작용 참여자들은 상대자를 (어떻게) 고려하는가? (어떻게) 참여자들이 서로 의지하고 상대방을 자신의 발화로 통합하는가?
- 후속 화자가 선행 발화를 수용하는가? 후속 화자가 선행하는 것에 동의하는가? 선행 화자의 발화에 대한 교정을 시작하는가 혹은 자기 자신의 발화의 교정을 예정하고 있는가?
- 후속 화자가 자신의 반응과 관련하여 특정한 기대를 받고 있다는 것을 알게 해주는가? 그리고 그러한 기대를 어떻게 다루고 있는가? 참여자들이 특정한 선호를 하고 있음을 알 수 있는가?
- 반응은 어떤 해석의 원칙과 규칙을 따르는가?

제 3 위치에 대한 질문

- 초점 발화 생산자가 상대자의 반응을 어떻게 이해하고 있고 그것에 대해서 동의하고 있음을 보여주는가?
- 초점 요소의 생산자가 초점 요소의 의미를 명확하게 하는가 아니면 교정하는가? 또는 그것의 근거를 제시하는가?
- 제 2 위치에 대한 질문은 제 2의 위치 그리고 초점 요소에 대한 제 3 위치의 관계로 의미상 전이될 수 있는가?

> 이후의 협의 과정에 대한 질문
>
> - 어떤 단계를 통해서 의미와 행위의 문제 그리고 견해에 관한 협의가 진행되는가?
> - 언제 이전 것에 대해서 재관계를 맺고 새로운 해석을 하는가? 언제 수정이 수행되는가? 이전의 협의에 대해서 명시적으로 관계가 설정되는가?
> - 의미 구성의 특수한 과정적 형태가 형성되는가, 즉 보편적 원형이 형성되는가? 그 원형의 기저에 어떤 역동적 원칙이 있는가?
> - 협의과정의 결과는 어떠한가? 고정적인가 또는 함축적인가?

VII. 연속체 원형과 거시 과정

모든 대화에서 참여자들은 해결해야할 과제에 반드시 직면하게 된다(6.3). 이 과제가 '작든' '크든', 만나기로 한 약속이든, 법정에서 처벌에 관한 심리이든, 그 어떤 경우이든 대화의 과제는 여러 개의 연속적으로 이어지는 참여자들의 집중적 활동을 통해서만이 해결된다. 이러한 대화의 단계적 특성은 대화가 가지는 시간성과 상호작용성에서 연유한다. 자세하게 말하자면 모든 과제는 부분행위들이 시간적·직선적으로 하나씩 차례로 해결된다. 하나의 **상호작용** 과제를 공동으로 처리하는 데 모든 참여자들은 과제 해결을 위한 특수한 기여를 해야 한다. 단계의 순서가 어떤 형태를 취하는 가에 관한 것과, 어떤 **'연속체 원형'**이 생성되는 가에 관한 사항은 해결되어야 할 과제가 어떤 것인가에 달려 있다.

연속체 원형의 분석은 연속체 원형을 구성하는 개별 **'원형의 위치'**로부터 시작한다. 원형의 위치들은 고정된 방식으로 연속되는 대화기여의 유형에 의해서 채워진다. 그것들은 또한 행위와 내용 및 기타 여러 특성을 보이며, 대개 특정한 역할을 소지하고 있는 상호작용 참여자에 의해서 실현된다. 이에 대한 간단한 예 하나가 바로 학교에서 잘 알려져 있는 시험의 원형이다. 교사는 질문을 하고 학생은 대답을 하며, 교사는 다시 학생의 대답을 평가한다(Sinclair/Coulthard 1975). 상호작용 과제를 처리하는 수단인 대부분의 연속체 원형들은 세 단계로 나누어지는 것이 특징적이다(Kallmeyer 1981). 그것들은 행동이 예고되고 참여자들에 의해서 인증되는 시작단계로 시작되어, 본래의 행동들이 수행되는 실행의 핵심단계가 이어지고, 종료단계로 끝이 난다.17) 이 세 단계는 자체적인 구조를 이룬다.

가령 토론의 종료단계는 다음과 같은 단계로 이루어져 있다. 사회자가 우선 대답이 충분하게 이루어지지 않은 질문이 있는가에 대해서 묻는다. 토론자들이 그에 대해서 부정적인 답변을 하면, 토론 활동의 핵심이 종료되었다는 것이 인증된다. 그러면 사회자는 토론시간에 있었던 것들을 요약하고 미래에 대한 전망 등을 한다. 그리고 참여자들에게 감사를 표시하고 시청들에게 작별인사를 하는 단계로 넘어간다.

상호작용 과제의 시작과 종료뿐만 아니라 연속체 원형 내의 한 단계에서 다른 단계로 넘어가는 것은 **'경계 표시'**('**boundary markers**', Saville-Troike 1989, 135f.)에 의해서 표시된다. 그것은 명시적 표현("자 다음 쟁점으로 넘어가겠습니다")일 수도 있고 혹은 **'담화 표지'**('discourse markers', Schiffrin 1987)일 수도 있다. 6.1에서 논의된 이야기 스키마와 행위의 스키마처럼 연속체 원형은 매우 복잡한 형태를 가질 수 있다. IV에서 소개된 **조건적 관여성**과 **선호 조직**의 원칙들에 의해서 쌍으로 연속되어 수행되는 대화기여가 나타나게 된다. 바로 이것들이 연속체 원형의 초석이다. 연속체 원형은 일반적으로 생성규칙으로 이해되어서는 안 된다.18) 연속체 원형은 참여자들이 순간('국지적으로')적으로 중요한

---

17) 세 단계 구조는 대화에 일반적으로 적용된다(Schegloff/Sacks 1973).
18) 예외는 미사나 예배 또는 법정심리 등과 같은 매우 의례화된 제도적 상호작용들이다.

과제를 처리할 때 단계적으로 생성되는 것이다. 순간적 과제들은 다시 보다 상위의 상호작용 과제와 목적을 처리하는 데 토대가 된다. 그렇기 때문에 연속체 원형은 기대할 만한 고정된 형식으로부터 생성될 수 있다. 하지만 상황에 따라서 유연하게 처리되고 개별 대화의 조건과 참여자들의 개인적 목적 및 중요성에 따라서 적용될 수 있는 여유 공간도 가지고 있다. 간단한 쌍 연속체(예:A가 초대의 발화를 하고 B는 초대를 수용 또는 거절한다)로 구성되는 핵심 행위(예:A가 B를 파티에 초대한다)는 각각 여러 다른 기능을 가지고 있고 상이한 대답으로 이루어지는 여러 연속체 유형들에 의해서 확장될 수 있다.

- **예비 연속체**(pre-sequences, Schegloff 1980)는 핵심 행위에 선행한다. 이것들은 대개의 경우 핵심 행위의 행위조건들을 살펴보고 장애요인을 없애는 등의 기능을 한다. 그럼으로써 핵심 행위의 수행을 위한 사전 정지 작업을 하거나 또는 체면손상 없이 핵심 행위의 수행을 중단할 수 있는 기재를 마련한다(예:A는 저녁 초대의 발화를 하기 전에 B가 예정된 저녁시간에 어떤 계획을 가지고 있는지에 대해서 묻는다.)
- **후위 연속체**(post sequence)는 핵심 행위의 뒤를 잇는다. 그것들은 보통 핵심 행위의 가치를 인정하거나 확인의 발화를 한다("아주 좋습니다", "자 그럼 다음에 또 봅시다…"), 문제가 되는 것은 핵심 연속체에 대한 교정을 하는 교정 연속체(6.5)가 올 경우 이다(예:B가 그가 다른 약속이 있다는 근거제시를 하며 초대를 거절한 경우 A는 자신의 초대를 교정할 수 있다("그러면 늦게라도 와").
- **삽입 연속체**(insertion sequences, Schegloff 1972)는 핵심 행위 내에 끼여 있다. 핵심 행위가 쌍 연속체로 구성되어 있다면 삽입 연속체는 쌍 연속체의 첫 번째 요소의 수용자에 의해서 시작된다(예:A가 초대를 하고 B는 정확한 시간에 대해서 질문을 한다.). 이 경우 핵심 행위의 조건적 관여성이 충족되기 전(B가 초대를 수용하거나 거절한다)에 삽입 연

속체는 그 자체로 먼저 해결되어야 할(A가 시간을 말한
다.) 조건적 관여성을 창출한다.
- **부차 연속체(side sequences**, Jefferson 1972)는 핵심 행위를 중단시
키고 핵심 행위에 중요하지 않은 틀에 대화참여자를 묶어둔다.

어떤 상호작용 과제가 어떤 행위 단계로 처리되는지, 그리고 이를 위
해서 개별 참여자들이 어떤 기여를 하는지가 연속체 원형을 연구할 때
제기될 수 있는 질문들이다. 이와는 반대로 초점 요소의 기능과 실현 형
태가 연속체 원형에 어떻게 의존되어 있고 연속체 원형의 어떤 위치에
초점 요소가 채워질 수 있는 지가 연구될 수도 있다.

> 제이콥스/잭슨(Jacobs/Jackson 1989, 156ff.)은 핵심 행위 앞의 예비 연속
> 체에서 논증적 질문과 주장이 핵심 행위의 성공 가능성을 판단하고 수용자에게
> 미리 의무를 부과하거나 후속하는 핵심 행위의 정당성을 확보하는 데 이용되는
> 것을 보여주고 있다. 후위 연속체에서는 논증적 질문과 주장을 이용하여 실패한
> 핵심 행위의 시작발화를 재주장하거나 퇴짜를 놓은 데 대한 근거를 묻는다.

연속체 원형의 관찰이 개별 대화기여 위치의 순서와 관련성과 관계에 대
해서 관심을 갖는 반면에, **거시 과정** 연구에서는 주로 범위가 넓은 상호작
용 관련성의 형성에 주로 관심을 둔다. 많은 거시적 대화구조들은 연속체
원형의 용어를 이용하게 되면 불충분하게 기술되거나 심지어는 전혀 기술
되지 않을 수 있다. 그것들은 특정한 질적 특성을 상호작용 과정에 점차로
부여하는 **역동적 원칙**에 의해서만 기술된다. 이에 대한 예를 들면 다음과
같다. 다툼이 점점 심화되어 한 쪽의 입장이 봉쇄되면 그 자리에 토론이 나
타난다(Nothdurft 1998, Spranz-Fogasy/Fleischmann 1993). 이 과
정의 전형적인 특징은 개별 자질이나 행동의 총합 또는 순서에 의해서 규
정되는 것이 아니라, 오히려 앞뒤로 해석을 하고 나중의 행위를 인도하
고 자체적으로 재생산되는 행위 관련성이 연차적으로 형성하는 것에 의
해서 규정되는 것이다(Spranz-Fogasy 1997, 143ff.). 그렇기 때문에

상호작용의 진행 과정 중에 구조의 형성과 명료화 및 계속진행의 원칙으로서 규정될 수 있는 **반복 규칙**에 대해서 알아보아야 한다.19)

슈프란쯔-포가쥐(Spranz-Fogasy 1997)는 '상호작용의 특성'을 예로 하여 거시 과정적 구조형성의 단계와 원형을 상세하게 재구성한 바 있다. 그것들은 대화가 진행되는 동안 모든 참여자의 활동에 의해서 점차로 형성되고, 그리고 마침내는 개인의 참여방식을 형성하고 해석하는 역동적인 원칙으로 변하는 개별 참여자들의 개인적 참여 방식의 유형들이다.

→ 연속체 원형에 관한 질문들

- 행위 복합체가 언제 시작되고 종료되는가? 선행 행위와 후행 행위 사이의 경계가 (어떻게) 표시되는가?
- 어떤 부분행위로 상호작용 과제가 처리되는가? 무엇이 과제 해결에 기여하는가? 부분행위들이 연속체 원형을 형성하는가? 어떤 위치들로 원형이 구성되는가, 그리고 그 위치들은 어떻게 서로 관련이 있는가?
- 누구에 의해서 개별 위치들이 실현되는가? 어떤 전제 조건들이 그것을 위해서 충족되어야 하는가? 대화참여자들은 어떤 참여 권리와 의무를 가지는가? 누가 행위 복합체를 시작하는가? 어떤 단계가 수행되어야 하고 변이 형태가 나타나는(나타날 수 있는)지에 대해서 누가 결정하는가? 행위의 단계들이 일방적 또는 협력적(가령 인증을 통해서)으로 이행되는가?

---

19) '반복'이란 특정한 규칙에 따라서 스스로를 생산하는 작동의 산물(상호작용적 발화)에 적용될 수 있는 규칙을 일컫는다. 예를 들면 대화 상대자들이 다음의 반복 규칙을 적용하면 다툼이 첨예화된다. 즉 상대방이 관철하고자 하는 시도에 대해서 자신이 관철하고자 하는 시도로 맞설 때 다툼이 첨예화된다(Deppermann 1979a, 374ff.). 반복 규칙은 자체생산 시스템(Luhmann 1997; Maturana 1982)의 이론뿐만 아니라, 객관적 해석학(Oevermann et al. 1979)에서도 상호작용 재구성의 핵심이다. 왜냐하면 그 규칙이 상호작용 체계의 정체성에 매우 중요하기 때문이다. 이러한 견해에 대한 회화분석론의 입장은 여기서 이야기하지 않겠다. 이에 대해서 Hausendorf(1992)와 Schneider(1994; 1997)를 참조.

- 원형은 고정적인가 아니면 유연한가? 예비, 후치, 삽입, 부차 연속체들이 있는가? 그것들은 어떤 기능을 가지고 있는가? 누가 그것들을 시작하는가?
- 하나의 초점 요소가 여러 원형의 위치에서 연구된다면 어떤 위치에서 그것이 나타나는가? 그것은 각각 어떻게 실현되는가? 그것들은 각각 어떤 기능을 가지고 있는가?

→ 거시 과정에 관한 질문

- 대화의 진행 과정에서 거시 과정적 모습들이 형성되는가?
- 거시 과정적 전개의 기저에는 어떤 역동적 원칙이 있는가? 그 원칙이 귀환적 생성규칙으로 표현되는가?
- 과정 역동성이 어디에서 시작되고 종료되는가? 어떤 단계를 거치면서 그것이 진행되는가? 과정의 결정지점 그리고 전환점이 있는가?

6.3 분석의 목적 : 대화 실행방법의 '어떻게'와 '무엇을 위해서'

완결되지 않은 처음의 연구 과제를 바탕으로(2.2) 먼저 소수의 대화 연속체를 집중적으로 분석하는 가운데 가능한 많은 해석을 시도해 보고, 다양한 개념들을 시험하며, 여러 분석적 접근방식들을 검증해 보아야 한다. 선별된 대화의 실행방법은 단계적으로 경계를 구분하고, 나중에 특정 사례를 초월하는 보편적 관점에서 연구를 해야 한다(6.5). 대화의 실행방법은 미시적(예:운율의 방식)일 수도 있고, 거시적(예:대화의 범위를 넘어서는 행위의 스키마)일 수도 있다. 이것은 '**진행 과정에서 어떻게**'의 측면과 '**기능, 즉 무엇을 위해서**'의 측면이 있는데, 이것들은 하나의 체계 안에서 서로 관계를 가지고 있다. 다시 말해서 대화의 실행방법 이란 대화의 특정 문제와 과제를 처리하기 위한 방법을 의미한다. 대화 의 실행방법은 개별 자질들(예를 들면 언어적 자질)을 범주화하는 것에 의해서 규정되는 어떤 것이 아니다. **구성적 자원**, 즉 **어떻게**와 **실용적 과제**, 즉 **무엇을 위해서** 사이의 체계적 관련성을 증명하는 것이 중요하 다.[20] 이 두 측면에 대해서 아래에 보다 자세하게 설명될 것이다.

I. '**어떻게**' : 구성적 자원

대화분석은 대화참여자들이 중요한 실제성을 상호작용적으로 어떻게 **구성**하는 가에 대해서 관심을 갖는다. 이 실제성에 속하는 것으로는 의 도, 지식, 감정상태, 상황적, 전기적 또는 사회적 조건, 권력적 관계, 그 리고 그 외에도 많은 것들이 있다. 이 모든 것들은 그저 단순하게 '존재' 하는 것이 아니다. 대화를 위해서 중요한 실제성은 대화참여자들의 형성 (形成)적 행위를 통해야 비로소 생성된다. 대화분석의 대상은 그러한 실 제성의 여러 차원과, 그리고 (일반적으로 말하자면) 대화에서 의미와 질 서를 창출하게 하는 대화의 실행방법에 관한 것이다. 대화참여자들은 형 성의 **잠재적** 가능성 안에서 활동을 하고, **의사소통의 자원**을 체계적이 고 대부분의 경우 **일상적·반복적**으로 사용함으로써 그러한 잠재적 가 능성 가운데 많은 것들을 실현된다. 이 자원은 **특정 문제들을 해결**하 기 위한 방법들(II를 보라)이고, 대화의 진행 과정은 **방법론적 이행** ('**accomplishments**', Garfinkel 1967)이다. 그렇기 때문에 대화의 실행방법을 대화분석으로 재구성하는 것은 우선 참여자들이 그들의 발 화교체를 방법론적으로 **어떻게** 형성하는지, 그리고 이때 특정 문제들 이 상호작용적으로 처리되는지, 다시 말해서 참여자들의 **협력** 하에 어

---

20) 여기에 대해서 하우젠도르프/크바스토프(Hausendorf/ Quasthoff 1996, 128ff.)를 참 조. 이들은 '일'(이 책에서는 화용론적 과제)과 행위를 위한 '수단' 및 '언어학적 형태'(이 책의 '구성적 재원'으로 요약됨) 등을 구분한다.

떻게 해결되는지에 대해서 탐구하는 것을 의미한다. 대화의 진행 과정을 대화의 외적(예:사회적) 조건들로 설명하는 대신, 실제성이 대화 자체 내에서 어떻게 **'이행적 실제성'**(Bergmann 1988, 52ff.)으로 창출되는지를 연구한다(**'doing** (institution, gender 등)').

　　이 연구방법은 제도 내 의사소통 연구에서 예시적이기는 하지만 유용한 것으로 증명되었다. 예를 들어 대화를 조정하는 특정 주변적 상황이나 역할에 대한 요구 등이 있다는 사실로써 의사-환자의 대화를 설명하려 하지 않는다. 그 대신 언제 어떻게 그리고 왜 대화의 참여자가 의사 그리고 환자로서 행동을 하는지, 어떻게 제도적 과제를 처리하는지, 언제 그러한 일을 하지 않는지, 그리고 그러한 변화된 행동이 의료 의사소통에서 이루어지는 행위와 기능적으로 관련되는지 등을 보여줄 수 있다

(Drew/Sorjonen 1997; Heritage 1997).

> ## → 대화 실행방법의 묘사
>
> 　　대화 실행방법의 묘사는 기본적으로 그것의 정체성, 이행, 해석 및 기능의 방식에 매우 중요한 모든 사항들을 포괄한다. 원칙적으로 그러한 것들은 연속체 분석의 모든 관점들이 될 수도 있고 (6.5), 특정 사례의 범위를 넘어서는 분석의 측면이 될 수도 있다 (6.5). 여기에 속할 수 있는 것으로는 다음의 것들이 있다.
> - 대화 실행방법의 **구성적 (실현적) 형태** : 대화 실행방법의 구성요소로 작용할 수 있는 언어적 형태 그리고/또는 행위 유형의 스펙트럼
> - **구조적 역동성** : 구성적 요소의 (내적) 순서
> - **이용 구조** : 상호작용의 동기와 상호작용 과제의 해결을 위한 대화 실행방법의 기능적 잠재성
> - **진행 과정적 특성** : 대화의 실행방법을 조직하는 (생성) 규칙과 방향설정의 원칙들
> - 상호작용자들이 구체적 사례에서 대화를 대화의 실행방법과 규칙을 따르는 것으로 이해하기 위해서 필요한 **해석 작업**
> - 대화의 실행방법이 이용되는 **영역**(2.1과 6.5)

Ⅱ. '무엇을 위해서' : 실용적 과제와 문제 그리고 기능

이미 5.1에서 설명한 대로 대화분석은 대화 중에 발생하는 세부적인 모든 것을 **의미적으로 동기**가 있는 것으로 간주한다. 대화행위의 모든 자질들을 해석하기 위한 근본은 상호작용 참여자들이 일어나고 있는 일들을 이해하고자 할 때 스스로가 제시하는 질문 그 자체에 있다. "Why that now?"(Sacks 1972; Bilmes 1985). 이렇게 본다면 대화의 조직은 상호작용 참여자들이 발화교체를 하는 동안 제기되는 과제와 문제들을 해결하기 위해서 방법론적으로 노력한 결과로 파악될 수 있다. 그래서 대화의 표층에 나타난 모습을 통해서 어느 정도는 해답을 알 수 있다. 그리고 제기되는 질문은 어떤 문제들이 거기서 해결되었는지에 — 아니면 최소한 다루어졌는지에 — 관한 것이다. 이것이 설명된다면 또한 **무엇 때문에** 개별적인 대화의 실행방법이 사용되었는지도 알 수 있다. 이 경우의 **문제들**은 대개 문제가 되지 않는 문제들이다(Bergmann 1981, 22). 왜냐하면 그 문제들은 대부분 항상 같은 방식으로 그리고 익숙한 실행방법을 통해서 해결될 수 있기 때문이다. 그렇기 때문에 상호작용 참여자들은 그 문제들을 전혀 문제로 인식하지 않는다. 문제들이 그러한 질적 특성을 갖게 되는 것은 오해나 갈등 또는 비정상적인 것이 발생하지 않으면서 특정 행위가 수행되고 목적이 추구될 때 반드시 해결되어야 하는 **상호작용의 과제**가 핵심이라는 사실이 분석적으로 명확히 보여질 경우이다. 그러한 대개 문제가 되지 않는 문제를 예로 들면 언제 누가 발화하는지에 관한 문제이다. 그러니까 '**문제**'는 그것의 일상적 의미를 넘어서 상호작용 참여자들이 그들의 대화기여를 형성하는 데 참조하는 모든 **과제와 기능** 그리고 **목적과 용도**와 관련이 있다. 이러한 것들은 대단히 형태적이고 순간적인 조직의 과제(예:화자교체의 조정)로부터 범위가 큰 공동의 대화목적(예:임금협상의 목적)에까지 이를 수 있다. 대화의 실행방법의 기능에 관한 질문에 대해서는 많은 경우 **부분과 전체의 설명**을 통해서 대답을 할 수도 있다. 대화 실행방법의 기능은 한 차원

높은 과제의 처리나 포괄적인 대화의 관련성이 창출하는 기능을 가지고 있는 대화기여에 있을 수 있다. 기능적 설명 또는 문제 이론적 설명은 대부분 '**함(됨)으로써-설명**'의 형식을 가지고 있다. 다시 말하자면 특정 문제는 대화의 실행방법 하나가 이용됨으로써 처리된다. 문제가 발생한 것으로 간주되는 경우는 대화참여자들이 그 문제를 회피할 수 없는 때이다(예를 들면 '**recipient design**'에서, 즉 발화를 수용자의 특성에 맞도록 구성하려는 과제). 문제들은 상호작용 참여자 가운데 특정인에게만 개별적으로 나타날 수도 있다(예:개별적으로 각각 다른 상황 정의에서 출발할 경우). 또는 가령 수사학적 행위의 문맥에서와 같이(Kallmeyer 1996) 상대방에게 압력을 가하려고 할 때(Kallmeyer/Schmitt 1996)는 개인적 목적으로 간주할 수도 있다. 한 대화를 이해한다는 것은 상호작용 참여자가 어떤 문제들을 다루고 있는지를 재구성하는 것을 의미한다. 더 정확하게 표현하자면 대화의 연속체 구조, 즉 '어떻게'는 상호작용 참여자들이 실용적 문제들을 체계적으로 처리하는 수단인 대화 실행방법의 결과를 이해할 수 있도록 하는 것이다. 상호작용의 문제들과 관련하여 보면 대화의 실행방법은 **기능의 잠재성**이다. 그들은 대개 어떤 특수한 문제만을 위해서 사용되는 것이 아니라 여러 다른 과제들과 목적을 위해서도 **이용**된다. 그러나 반대로 대부분의 대화 실행방법은 특정한 **위험**을 내포하고 있기도 하다. 즉 대화의 실행방법 그 자체가 상호작용적으로 처리되어야 하는 새로운 문제의 가능성을 제기한다.

갈등대화에서 요약은 상호작용의 문제들과 대화 실행방법의 잠재적 기능과 이들이 창출하는 위험 사이의 관련성에 관한 좋은 예를 보여준다 (Deppermann/ Spranz-Fogasy 1998). 갈등대화에서 요약(=대화의 실행방법)은 한편으로 필요하다. 점차 복잡해지는 다툼의 상대자들이 서로 다른 묘사와 판단의 관점 그리고 요구 등(=문제)을 쉽게 다룰 수 있고 하나의 해결책을 찾을 수 있기(잠재적 기능) 때문이다. 다른 한편으로 모든 요약은 공격의 빌미를 제공하기도 한다. 즉 요약이 사실과 다르거나 아니면 일방적이거나 혹은 바로 가장 중요한 것을 포함하고 있지 않고 있기(=위험) 때문에 퇴짜를 맞을 수 있기 때문이다.

대화분석적 설명은 **기능적** 또는 **문제 이론적** 설명이다. 대화의 실행은 문제와 기능 그리고 목적 등에 관련하여 체계적으로 이행되고, 이들에 대한 대화 실행방법의 잠재적 수단에 의해서 설명된다. 회화분석 연구가 기껏해야 특정 대화의 활동이 **어떻게** 실행되는가를 설명할 수 있을 뿐 정작 해석은 하지 못한다는 주장이 자주 제기된다. 그러나 그러한 주장은 회화분석적 해석의 특별한 해석 방식을 제대로 알지 못한 데서 기인한다. 회화분석이 할 수 있는 해석은 **비축소적 해석**이다. 이는 다시 말해 상호작용이 "숨겨진" 또는 "보다 본래적인" 실제성(인성의 구조, 동기, 인식 또는 사회구조적 사실)에 의한 축소적 해석이 아니라, 각 **영역에 고유한** 상호작용적 단위들에 의한 해석을 의미하는 것이다. 상호작용적 실행방법은 상호작용적 문제들에 의해서 설명된다. 그러니까 설명되는 것과 설명하는 것이 동일한 존재론적 영역에 있는 것이다.[21]

대화 실행방법의 분석은 이것의 잠재적 기능을 재구성하는 것이다. 그 이유는 그렇지 않으면 실제적 대화의 구조도 이해할 수도 없고 또한 실행방법의 상세한 부분들도 설명될 수 없기 때문이다. 개별 사례의 연속체 분석의 관점은 (6.2) 그렇기 때문에 **언제나** 그것의 기능과 관련하여 연구를 해야 하고 단지 단순한 기술(記述)적 묘사에 국한하여서는 안 된다. 질문을 제기할 사항으로는 특정한 문맥에 연결될 때 어떤 기능이 나타나는지, 한 발화의 언어적 자질들에 어떤 기능들을 부여할 수 있는지, 발화의 종료 타이밍이 어디에 쓰일 수 있는지 등이 있다. 단지 그러한 기능적 관찰 방법으로만 볼 때, 표면적으로 동일한 행동(예:논증적 질문과 주장, 6.2., VII)들이 위치에 따라서 서로 다른 기능을 가지고 있다는 것을 확인할 수 있다. 기능이 선행하는 혹은 기존의 상호작용적 조건

---

[21] 상호작용적 문제들과 과제 그리고 목적들이 그 자체적으로 대화를 초월하는 상황조건들에 의존하고 있음을 배제하는 것은 물론 아니다. 그러나 그러한 상황조건들이 특수한 대화의 문제들과 과제 또는 목적에 반영되면(6.4., I을 보라) 대화분석을 위해서 흥미롭다. 대화분석의 어떻게–설명을 왜–설명으로 확장하고자 하는 데 대한 다른 견해를 실버맨/거브리엄(Silverman/Gubrium 1994)이 발전시킨 바 있다.

과 관련되어 발현되기는 하지만, 언제나 미래의 상호작용 상태를 지향하기 때문에 대화의 실행방법의 기능분석을 위해서 **상호작용의 결과**(6.2., VI)가 매우 중요하다. 한 행위로부터 출발하는 성과와 위험이 가장 명확하게 그리고 경험적으로 상호작용의 결과에서 나타나게 된다.

기능적 설명을 추구하려는 일은 대화에 대한 일종의 **이해적** 접근이고, 이로 인해서 비판적 담화분석의 여러 방법론들과 차별된다. 먼저 이해하기 어렵거나 조작적이라고 보이는 발화를 적절성 또는 합리적 목적성의 전제된 규범에 따라서 판단하는 대신에, 발화들의 체계와 그것들의 잠재적 기능을 재구성하도록 해야 한다. 상호작용 참여자들이 방법론적으로 그리고 합당한 이유로 행위를 한다는 가정을 언제나 하고 있어야 한다. 그들 행위의 체계가 반드시 발견되어야 한다. 그 체계는 우리가 가지고 있는 규범과 기대 그리고 원칙들과 일치하지 않는 경우가 자주 있다. **민족방법론적 무관심**(Garfinkel/Sacks 1976)의 분석 자세로 인해서 기술(技術)적 시선(視線)과, 판단을 배제한 상태에서 의미형성의 상호작용적 규칙을 재구성하는 **해석학적** 관심이 결합된다. 그렇기 때문에 상황이나 당면하고 있는 대화행위들이 하나의 적절한 대답이 될 수 있는 요구들에 대해서 살펴보아야 한다. 또 서로에 대해서 설명할 수 있는 대화기여 사이의 관계를 규명해야 하며, 틈이나 단절이 있을 경우 그것들을 이해할 수 있도록 하는 대화의 자질 등을 찾아내야 한다.

기능적 분석은 **의도의 분석**이 아니다. 일상 생활에서 우리는 발화로 무엇인가를 의미하고 의도한다는 사실을 가정한다. 한 발화의 의미는 화자에게 부여하는 의도에 의해서 규정된다 (예: 의견 밝히기, 누구를 가르치기 또는 돕기). 언제나 화자의 의도가 함축되어 있기 때문에 행위를 기술할 때 우리가 사용하는 어휘는 어쩔 수 없이 의도성을 가지고 있다. 그러나 대화분석자로서 우리는 해당되는 사람의 내적 상태를 찾아내려고 해서는 안 된다. 그 이유는 화자의 머리 속을 들여다 볼 수 없고, 그리고 특히 참여자들의 의도가 중요한 것이 아니라 바로 대화 실행방법의 결과가 중요하기 때문이다(Coulter 1989; Heritage 1990/91). 이러한 관점에서 본다면 누군가 무엇을 (의식적으로 또는 무의식적으로) 의도했거나, 또는 단지 일상적으로 반응을 했거나 아니면 심지어 실수로 반응을 한 사실들은 중요하지 않다. 행위의 기술이 연구되고 있는 대화 실행방법의 잠재적 기능에서 출발하는 것, 즉 무엇을 위해서 그것들이 사용되는가 중요한 것이다.

> 예를 들자면 '모욕'의 연구에서 화자가 상대방을 모욕하고자 의도했는가 아닌가는 중요하지 않다. 오히려 (특정한 상호작용의 조건하에서)발화가 '모욕'으로 이해될 수 있는 특성들이 어떤 것들이 있는지, 그리고 특정한 의사소통 사회에서 '모욕'을 위한 어떤 상호작용이 있는지에 등에 관한 연구가 가치가 있다.

회화분석론에서도 자주 접하게 되는 **의식(意識)적 표현법**(예: "대화 참여자들이 XY의 원칙에 의거하고 있다)은 의미부여가 대화의 자질들과 연결되어 있고 기능적 설명으로 이해된다면 문제될 것이 없다.22) 보통의 경우 관계가 없거나 동기가 부여되지 않은 것으로 보이는 현상들을 지속적으로 하나의 관련성을 갖게 하는 대화의 체계와 의식적 표현법이 결합된다면 매우 유용한 연구성과를 생산할 것이다.

---

22) 그렇기 때문에 의식적 의미부여는 "화자가 Y라는 목적을 달성하고자 하기 위해서 의도 X를 가졌다면, 이를 위해서 실제 대화 Z가 적절하다"라고 하는 기능적 관련성을 설명할 수 있는 조건적 의미부여라고 이해할 수 있다.

> → **기능적 분석과 문제 이론적 분석에 관한 문제**
>
> 모든 연속체 분석에서 확인되는 초점 요소의 특성(6.2.를 보라)들은 근본적으로 기능적으로 분석되어야 한다! 그렇게 되면 기능적 가설들은 특히 상호작용의 결과들과 관련하여 검증되어야 한다.
>
> - 왜 그리고 무엇을 위해서 바로 이 순간에 이 발화가 이러한 방식으로 만들어졌는가?
> - 어떤 이유와 동기 그리고 목적들이 바로 이 자리에서 이러한 초점 요소를 생산할 수 있는 계기가 되었는가?
> - 어떤 (당면한 또는 상위의) 과제 또는 문제의 해결을 위해서 이러한 요소들이 쓰여질 수 있고 기여할 수 있는가?
> - 이러한 요소에 어떤 기능들이 결합되는가?
> - 선택된 것이 어떤 기능을 하는가? 다른 것들에 비해서 선택된 것의 특별한 쓰임새와 장점은 무엇인가?
> - 어떤 것들이 위험요소이고 잠재적으로 나타날 수 있는 문제들인가?

6.4. 분석의 자원 : 배경 지식과 변형의 기술

회화분석은 분석의 모든 것을 경험적 자료에 근거하는 것에 큰 의미를 부여한다. 이를 위해서 자료 획득의 방법(3.-5.)과 연속체 분석 및 특정 사례를 초월하는 분석의 절차가 이용된다 (6.2와 6.5). 그러나 경험적 인식을 위해서 단순한 관찰과 형태적 절차만으로는 충분하지 않다. 여기에는 내용에 관한 다양한 유형의 지식이 요구된다. 내용에 관한 지식이 있어야 범주화와 해석이 가능하고 대화행위의 의미도 설명할 수 있게 된다. 지식에 의거한 근본적인 보조 수단이 바로 변형의 기술이다. 그러나 대화분석의 과정에서 배경 지식의 필요성은 이중성을 가지고 있다. 그 이유는 그 배경 지식이 반드시 필요하지만, 동시에 그것의 타당성에 대해서 극단적인 의구심을 가져야 하기 때문이다.

Ⅰ. 지식의 이중성 : 방법론적 이질감과 필요한 배경 지식

타당한 해석을 전개하기 위해서 어떤 배경 지식을 가지고 있어야 하는지와 그 지식을 어떤 기준에 따라서 사용해야 하는지에 관한 두 질문은 대화분석을 평가할 때 가장 중요하게 제기되는 질문이다. 지식이 가지고 있는 근본적인 문제의 본질이 '**지식의 이중성**'에 있기 때문에 그 두 질문은 동시에 가장 어려운 것이기도 하다. 대화분석자는 가능한 모든 것에 대해서 잘 알고 있어야 하지만, 동시에 그 지식이 확실한지 그리고 중요한지에 대한 의혹을 품기도 해야 한다. 회화분석론이 배경 지식의 역할에 대한 질문을 다루는 한, 그에 대한 대답이 매우 불만족스러울 수밖에 없다. 왜냐하면 회화분석론이 지식의 이중성 가운데 단지 한 측면만을 볼 뿐, 다른 한 쪽 측면을 보려고 하지 않기 때문이다. 우선 배경 지식을 포기해야 한다는 회화분석론의 입장에 대해서 살펴보고, 배경 지식의 필요성 및 사용 가능성과 관련하여 회화분석론의 입장을 확대해 보기로 한다.

회화분석론자는 대화의 진행 과정을 이해하기 위해서 사용되는 지식 자체가 연구의 대상('topic')이 되어야 한다는 주장을 하고 있다. 즉 지식은 연구되어야 하고 설명되어야 하는 것일 뿐이지, 암묵적으로 전제된 사전 지식('resource')으로서 분석에 함부로 섞여 들어가서는 안 된다는 것이다(Zimmermann/Pollner 1976). 그 이유는 지식 그 자체가 연구되어야 하는 사회적 행위능력과 해석능력의 핵심이기 때문이다. 이러한 사실이 사회학에서는 잘못 알려져 있고, 사회학자들은 그 대신 스스로 설정한 개념과 가설의 창을 통해서 사회적 실제성을 바라보고 있다. 그러한 연구자들은 **대상의 구성**과 관련된 문제를 간과하고 있다. 다시 말해서 사회적 사실(예:대화의 실행, 정체성, 자기방어 vs. 살인)은 구조화된 의미이고, 사회적 사실이 사회적 사실로서 존재하는 것은 사회 구성원들이 사회적 사실을 생산하고 해석하는 방식에 의존한다. 그렇기 때문에 사회적 사실을 연구하려면, 연구의 첫 번째 단계에서 사회구성원들이 사회적 사실들을 구성하는 규칙을 재구성하는 것이 본질적이다. 이미 말한 바대로 회화분석론은 그것이 가능하다는 사실에서 출발한다. 그 이유는 대화를 하는 중에 참여자가 서로에게 보여주는 의미와 질서가 '공개적'으로 창출되기 때문이다. 그러한 보여주기의 행위는 대화분석자에게도 역시 보여진다. 그렇기 때문에 대화분석자도 필요한 지식을 **상향식(bottom-up)**으로, 즉 자료에 의거해서 추론할 수 있다.

가능한 한 자료에 의거하는 급진적인 경험적 지식은 한 편으로 연구 목적을 위해서 만들어낸 자료가 아닌 자연적인 자료를 포괄적이고 상세하게 분석함으로써 얻을 수 있다. 다른 한편으로 연구자는 **방법론적 이질감**의 자세를 개발해야 한다. 이미 이해하고 있는 것에 관한 당연함과 실용적 이해 그리고 우리가 보통 결과와 연계하는 평가 등이 방법론적 이질감에 포괄되어야 한다[23] 알고 있는 것을 인식하는 것이 중요하고 (Bergmann 1987, 1ff.), 이 때 유치해 보이고 자명해 보이는 것을 의구심이 가는 것으로 그리고 질문의 가치가 있는 것으로 간주하는 **기술적 관찰**의 원칙에 따른다. 이를 통해서만 '문제가 되지 않는 문제'(6.3)의 구조가 확인된다. 또 일상 생활에서 너무도 당연하게 여겨지는 판에 박힌 것들 가운데 불완전하게 실행되는(어린이, 문화이방인, 정신병자; Schwartz 1976을 보라) 것만 분석이 되고 구조가 드러나게도 된다. 그렇기 때문에 회화분석론은 질적 사회연구의 여러 다른 학파들과 마찬가지로 연역적이고 독화적인 학문이론의 표준인 선험적 가설을 설정하고

---

23) '포괄(Einklammerung)'의 개념은 후쎌의 현상학(1922, 예를 들면 53쪽)에서 유래한 것인데, 이것은 인식의 원칙에 대한 데카르트 학파의 회의로부터 기원한다.

연구를 확정적으로 기획하는 일을 하지 않는다(Stegmüller 1983). 그 대신 최대한 열린 자세로 연구의 대상에 접근하고, 경험적 분석 안에서 자체적으로 가설과 주개념을 개발해 낸다(Flick 1995; Strauss 1991). 열린 자세란 이론, 일상적 지식, 자신의 경험 또는 민족지학적 지식 등이 어디에서 나왔든지 상관하지 않고 그러한 지식을 아무 의심 없이 타당한 것으로 여기지 않는 것을 의미한다. 그 대신 대화의 자료를 분석할 때 개념과 해석들이 처음에는 엉뚱하게 보일지라도 가능한 한 많이 개발해 낸다. 그러한 개념과 해석들은 이어지는 경험적 작업을 통해서 검증하고 정밀하게 다듬고 수정하며 분류해야 한다.

모든 분석적 진술을 자료에 근거하라는 회화분석론의 원칙이 아무리 확고하다고 하더라도, 회화분석론의 목적을 위해서 그저 보고 듣기만 하면 된다는 생각은 매우 유치한 발상이다. 대화참여자들이 서로에게 자신의 해석을 보여주고 당면하고 있는 행위와 이해를 위해서 어떤 지식이 중요한지를 협상하기도 한다. 그러나 그들의 보여주기 행위와 그들의 말과 손짓 발짓을 이해하기 위해서 보이지 않는 배경 지식을 가지고 있어야 한다. 문제없이 그리고 의례적으로 반복되는 상호작용의 특징은 고도로 축약된 함축이다. 그렇기 때문에 특히 많은 양의 '공유된 지식'('shared knowledge', Clark 1992와 1996)을 필요로 한다.

배경 지식이 필요하다는 사실에 대한 매우 명백한 예는 아래와 같다.

- 지나치게 숨겨진 형태로 진행되어서 단지 잘 알고 있는 사람들만 확인할 수 있는 보여주기의 행위 ; 이것은 한 낱말의 특수한 억양 또는 발음을 인식하고 정밀하게 재현하기 위해서 민족지학적 지식이 요구되는 경우 이미 전사에도 해당된다.
- 지시가 되고 있는 사람, 장소, 사건, 매체의 산물 등에 관한 지식들
- 의미적 지식(예:외국인, 집단 그리고 전문가 언어의 의미들)
- 대화가 삽입되어 있는 여타 행위의 관련성에 관한 지식 ; 예:제도에서 과제

의 처리 과정은 제도 내의 행위자가 특정한 것을 질문하고 행위의 목적을 추
구 하도록 동기를 부여하고 자체적으로는 사건의 현장에서 의미를 해석하는
데도 일조한다(예:규정위반을 법적으로 심판하기 위해서 사용되는 질문, 병
력의 감별진단을 위한 질문)
- 이전 역사 또는 공유된 평가에 대한 공동의 지식을 전제로 하는 암시에 대한
  이해

상호작용 참여자들의 지식은 부분적으로 상호작용 행위로부터 추론할
수도 있다. 그러나 성공적인 추론을 위해서는 그 지식과 관계를 맺고 있
는 자세한 정황 사실과 이전 역사 그리고 문맥의 관점 등을 고려할 수
있는 능력이 있어야 한다. 이를 위해서 세 유형의 지식, 즉 일상 지식,
민족지학적 지식 그리고 이론적 지식이 필요하다.

- **일상지식**은 모든 다른 지식의 토대이고 모든 이해의 전제이다. 그 지식
  은 "누군가 아는 것"을 포괄하고 있으며 대부분 함축적이다. 그 지식은
  능력(자전거 타기와 비교될 수 있음)으로 그리고 'knowing how'로 이
  용될 수 있다. 지식은 'knowing that'으로 표현하기 매우 어렵다(Ryle
  1969, 2장). 일상지식은 세상지식(사태에 대한)과 대화의 실행방법에
  관한 상호작용 지식을 동시에 포함한다. 이러한 능력이 대화분석의 토
  대이다. 그것은 우리에게 해석의 가설을 설정하게 하고, 변이 형태에
  대해서 주의를 기울이게 하며, 여타의 상황들과 비교할 수 있게 한다.
  그러나 일상 생활과 달리 이러한 능력은 명시적으로 표현될 수 있다.

일상지식의 체계는 분석적 진술을 얻기 위해서 대화분석에서 고려되어야 한다.
혼란스러운 인상을 주는 것을 어떻게 하면 정확하게 파악할 수 있을까? 혼란스럽
다는 것은 어디에서 명확하게 나타나는가? 어떤 원칙으로부터 그러한 인상이 발
생하는가? 이해와 말하기에 관한 어떤 보편적인 규칙들을 암묵적으로 전제하기에
바로 그 자리에서 그러한 해석이 나타나는가? 어떤 암묵적인 기대가 무엇을 "웃기
게", "부적절하게" 또는 "세련되게" 나타나게 하는가?

- **민족지학적** 지식은 특수한 환경, 특수한 문화, 집단, 그리고 경우에 따

라서 연구 자료가 유래하는 특수한 역사적 문맥에 관한 지식과 관련이 있다. 연구현장에서는 대화분석자가 잘 알고 있는 것과 완전히 다른 습관이 당연한 것일 수 있다. 연구되는 민족 구성원들은 사건, 제도에서의 과정, 관계의 역사, 낱말의 사용, 일상 생활에서 판박이로 반복되는 것 등을 알고 있다. 이것들은 그들의 발화순서 교대를 이해하는 토대가 되고, 그것들에 관한 지식 없이는 대화의 과정들이 여러 관점에서 이해되지 않거나 잘못 이해되거나, 아니면 단지 매우 피상적으로만 (!) 파악될 수 있다 (Koole 1997).[24] 그렇기 때문에 분석에 필요한 배경 지식을 얻기 위해서 추가적으로 민족지학적 조사 방법이 필요할 경우가 많다. 민족지학적 조사 방법으로는 연구자가 오랜 동안 연구의 현장에서 사건에 직접 참여하는 참여적 관찰법과, 매체 생산물과 일기책 그리고 제도에서 기록한 자료 등의 문헌분석, 그리고 민족지학적 전문가와의 인터뷰, 특히 연구하고 있는 대화에 참여하는 사람과의 인터뷰 등이 있다(3.을 보라). 이러한 방법들은 경우에 따라서 해석의 전개와 확인 과정에서도 참조될 수 있다(Gumperz 1982). 그렇게 얻을 수 있는 관찰들과 진술들은 대화분석을 위해서 반드시 필요한 지식을 추가로 제공하고 대화분석을 교정할 수 있는 근거를 제공한다. 그러나 그것들은 상황을 고려하지 않은 채 타당한 해석 또는 대화분석을 위해서 의심 없이 중요한 사실로 간주하지 말아야 한다. 그 이유는 무엇보다도 관찰자 또는 질문을 받은 사람들의 의식의 한계 때문이다. 이들은 단지 회상적이고, 요약적이며 이론과 관점에 의존되어 있는 해석을 제공할 수 있지, 흥미로운 대화의 순간에서 실제로 행위를 주도하는 것이 무엇이었는가를 사진으로 찍은 듯이 재현할 수 없기 때문이다.

- **이론적 지식**(예: 심리학 또는 사회학적 지식)은 대화분석을 위한 확고한 토대로 이용해서는 안 된다. 이론적 지식은 여타의 지식과 마찬가지로 아이디어를 제공하고, 중요할 수 있는 것에 주의를 기울이게 하며, 해석을 위한 개념과 진술을 제공하는 것으로 이용해야 한다. 이론은 여

---

24) 치커렐(Cicourrel 1992)은 민족지학적 배경 지식을 확장함으로써 자세한 관찰 없이는 숨겨져 있을 진료 상호작용의 추가적인 의미 층위를 이해할 수 있음을 매우 구체적으로 보여주고 있다.

러 해석을 추상적으로 압축하는 데 이용될 수 있는 모델을 제공한다. 특히 중요한 것은 현재의 대화분석에 관한 연구 성과에 대한 지식이다. 이것은 정밀하고 풍부한 기술 어휘를 제공하는 동시에 경험적으로 검증된 범주를 제공하고, 중요한 것으로 증명된 분석의 관점과 질문 그리고 방법론에 대해서 알려주며, 다른 사람들의 것과 비교하게 함으로써 연구성과의 깊이를 더해 줄 수 있다(Hutchby/Wooffitt 1998, 120ff.).

언제 어떤 배경 지식이 대화분석에 **중요하고** 어떤 **기준**에 따라서 사용될 수 있는가? 이 경우 배경 지식의 출치는 상관이 없다. 해석을 할 때 중요한 것은 행위 과정 안에서 대화참여자들이 방향을 설정할 때에도 필요한 지식과 문맥들, 다시 말해서 대화의 진행에 체계적으로 영향을 끼치는 필요한 지식과 문맥들이다('procedural consequentiality'의 원칙, Schegloff 1991, 1997; Bilmes 1985). 대화분석자의 본질적 과제는 언제 어느 문맥이 대화의 진행 과정에서 **어떻게** 중요하게 되는지, **어디서** 그것을 인식할 수 있는지, 그리고 무엇이 그러한 상응하는 문맥과 지식을 만들어내는 것인지를 증명하는 것이다.

관찰자의 관점에서 중요하게 여기는 문맥에서 알게 된 사실들이 대화에서도 실제로 주된 역할을 한다고 생각하는 것은 지나치게 성급한 일이다. 제도적 틀, 대화참여자의 정체성과 같은 측면 또는 그들의 이전 역사적 측면 등은 대화의 고정적인 조건들이 아니다. 참여자들이 그러한 것들을 특정 사안에서는 중요한 것으로 간주하고, 그 사안을 벗어나면 중요하지 않은 것으로 간주한다. (6.2, IV). 그래서 대화에서 (단계별로) 통상적으로 기대하는 것보다 다른 상황이 창출되는 경우가 많다. 예를 들면 의사와 환자의 대화가 잘 아는 사람 사이의 수다가 될 수도 있고, 우정어린 만남이 심문이 되는 경우도 있다. 그렇기 때문에 문맥에 관한 가정은 절대 선험적으로 확정하지 말아야 한다. 문맥은 대화 자체로부터 전개되어야 하거나 대화를 통해서 납득될 수 있어야 한다.

상호작용 참여자들의 보여주기 행위가 적어도 우리들 분석자들에게는 매우 간접적인 경우가 많다. 그렇기 때문에 참여자들의 보여주기는 보고 듣는 것을 바탕으로 직접적으로 증명하기보다는, 어떤 이유에서 대화 행위가 주장된 방식으로 이해되어야 하는 가를 논증적 **해석**을 통해서 증명해야 하는 경우가 더 많다(Deppermann 1997b). 그러한 설명은 가능한 한 대화 자료를 근거로 해야 하고, 특히 대화 진행 과정의 상세 사항들과 **조금도 어긋남 없이** 일치해야 한다(7). 그렇기 때문에 평가의 과정은 많은 인내와 방법론적 이질감의 원칙에 기인하는 **정지적 분석의 자세**가 필요하다. 성급하게 특정 안을 확정하지 말고 여러 다른 개념과 해석을 개발하고 검증해야 한다. 대단히 수고스러운 해독 작업에 대한 준비가 되어 있어야 하고, 대화의 상세 사항들이 비록 사소하고 엉뚱하거나 아니면 의미가 없어 보일지라도, 그러한 것들을 일관된 질서에 편입시킬 수 있다면 만족해야 한다. 그렇기 때문에 배경 지식이 중요한가 아닌가의 여부는 연구 과제에 달려 있다. 민족지학적 특수성에 어긋나지 않는 대화의 측면과 관련이 있다면 특별히 민족지학적 정보 없이도 타당성을 갖는 분석이 가능하다.25) 민족지학적 (특히) 지식의 수집은 그 자체가 목적이 될 수 없고, 언제나 대화분석을 위한 그것들의 기능성에 관한 질문이 제기되어야 한다. 특수한 민족지학적 상세 사항들이 일반적인 상호작용의 구조자질과는 다르게 나타나는 경우가 자주 있는데, 그러한 경우 다른 문맥을 바탕으로 해야만 일반적인 것으로 간주될 수 있다! 다양한 지식과 방법론적 이질감의 결합은 그러한 이유로 섬세하고 풍부하며 날카로운 아이디어를 창출하기 위해서 반드시 필요한 전제 조건이다. 그러한 아이디어가 창출되면 대화 자료를 바탕으로 검토해 보고 증명해 보여야 한다.

대화분석을 위해서 선지식을 이용할 때 자주 나타날 수 있는 실수와 고충에는 다음과 같은 것들이 있다.

---

25) "문맥 지식 없이도" 대화분석은 예를 들어 그 대화분석의 결과가 "문맥 지식을 이용한" 분석과 일치한다면 — 비록 후자의 분석이 보다 섬세한 대화의 이해정도를 달성하였다고 하더라도 — 정확하다.

- 자신의 **본능이 과대 평가**된다. 규칙이나 의무 그리고 기대 등으로부터 출발하지만, 이것들은 상호작용 참여자들에게는 해당되지 않는다. 특히 조심하여야 할 부분은 후속 기대에 관한 질문과 (6.2, V) 변형 기술을 사용할 때이다 (6.4, II). 분석자는 대화참여자가 어리석음과 전략 등의 이유로 상정된 규칙으로부터 일탈한다는 인상을 갖기가 쉽다. 그러한 경우 그들이 실제로 따르는 규칙을 발견해야 한다.
- 대상영역에 대한 (함축적) 이론을 내세우고 그리고 그러한 이유로 특정한 아이디어가 비관여적으로 보이기 때문에 고려되지 않을 수도 있다. 그 대신 **특정한 (기술(記述)을 위한) 개념에 고정되어** 그것을 자료의 곳곳에서 발견할 수 있다고 말할 수 있을 것이다. 다양한 해석을 전개하고 그것들을 서로 견주어 더 좋은 것을 선택하는 대신, 너무 성급하게 협소한 해석을 하게 되고 대화의 부분들을 소수의 범주에 맞추어 분류한다. 사용된 범주들은 사안에 따라서 정확하게 다듬어져야 한다. 그리고 나서 그 다듬어진 범주들이 모순되는 점은 없는지 검증해 보아야 한다. 즉 개념이 오류이거나 비관여적으로 간주되기 위해서 대화가 어떤 형태를 가져야 하는가를 살펴보아야 한다.
- 해석이 자료에 의거해서 전개되지 않고 문맥'지식', 예를 들면 권력관계, 제도적 조건들, 정체성의 자질들 등에 의해서 **도출**된다. 재구성적 분석 대신 이른바 기존의 선지식에 새로운 선지식이 겹쳐지게 되면 선지식은 두 배로 늘어나게 된다.
- 사전에 설정한 가설과 일치하는 대화의 부분들을 선택한다. 그렇게 되면 대화는 대화로부터 전개된 것이 아니라 명제를 **예증**하는 것에 불과하게 된다. 그렇게 되면 전형적으로 기존의 의견에 맞지 않는 부분들은 간과하게 된다.
- 상호작용 참여자를 위한 의미를 충분히 고려하지 않고 분석의 질문이 의사소통 외적 텍스트로부터 나오는 **의미에 관한 "지식"**을 통해서 설명된다. 사전을 찾아본다거나 이론적 정의 또는 기존의 연구결과를 참조하는 것은 쓸만한 가설을 세우는 데 필요하기는 하지만, 그러한 모든 것들은 오로지 대화의 진행과정에서 증명되어야 한다.
- **이론적 지식**이 평가의 과정 속으로 지나치게 빠르게 편입되지 말아야 한다. 그 이유는 이론의 추상성과 권위 그리고 완결성과 포괄성이 대화가 기존에 있는 개념에 맞추어지는 것에 불과하게 될 커다란 위험이 있기 때문이다. 정리되지 않은 예상과 충분히 검토되지 않은 가설들이 정립된 이론에 의해서 너무 쉽게 "도축"된다.

→ **배경 지식과 문맥 지식에 관한 질문들**

- 대화참여자가 서로를 어떻게 해석하는 가를 이해하기 위해서 어떤 지식이 전제되어야 하는가? 그들이 동일한 지식을 가지고 있는가, 아니면 서로 엇갈리는 해석을 가지고 있다는 징표를 보이는가?
- 대화의 어떤 자질과 어떤 결과에서 대화참여자들이 특정한 지식을 사용한다는 사실이 나타나는가?
- 문맥으로부터 알고 있는 사항 가운데 어떤 것들이 대화에 중요한가, 그리고 대화참여자들은 어떻게 그것을 암시적으로 보여주는가?
- (연구 과제와 관련한) 해석을 위해서 민족지학적 지식이 요구되는가? 그 지식이 분석을 심화 또는 심지어 수정까지 하는가? 어디서 그러한 지식을 가지고 올 수 있는가?
- 대화분석에 관한 문헌에서 비슷한 실제 대화, 상호작용의 유형, 행위의 문제 등이 제시된 바 있는가? 그리고 그러한 증거들이 자신의 연구를 심화하는 데 기여하는가?

Ⅱ. **변형의 방법** : 잠재성을 통한 실제성의 규정

　모든 대화의 순간에는 다양한 행위의 가능성이 있고, 모든 사태들은 무한히 많은 방식으로 표현될 수 있으며, 모든 발화의 억양은 각각 다르다. 그러니까 대화참여자들은 매우 다양한 관점에서 **중요한 것**을 드러낼 수 있고 **그리고** 그렇게 해야 할 의무가 있다('principle of relevance', Schegloff 1991). 중요하지 않은 다른 것을 배제할 수 있어야 하고 또 배제해야만 한다. 실제로 수행된 행위의 의미는 근본적으로 **선택의 체계**에 의해서 규정된다. 그 대화의 순간에 있었던 가능성의 범위 안에서 화자가 하나의 선택을 할 때 어떤 원칙에 의거하는가?

할코브스키(Halkowski 1990)는 선택의 원칙과 중요성의 원칙의 기능 방식에 대한 좋은 예 하나를 제시한 바 있다. 이른바 이란-콘트라 사건의 조사에서 올리버 노올스 소위는 고등 검찰장의 조사를 피하기 위해 비밀문서를 파기하였다는 사실 때문에 고발되었다. 그는 고등 검찰장 미즈씨가 대통령친구로서 권한을 이용하여 자신의 부서를 둘러보려는 생각을 가지고 있다고 반박을 하였다. 그가 고검장이 아닌 대통령의 친구로서 그 인물을 언급함으로써 노올스는 예정된 방문의 의미를 변화시켰다. 그래서 증거확보를 위한 행위가 아니라, 비공식적 협의가 중요한 사안이 되어버렸고 또한 고발로 인한 비난이 사라지게 되었다. 노올스와 고발 사이에는 "객관적으로" 무엇이 발생하였는지(=방문과 문서파기), 그리고 미즈씨가 고검장인지 대통령의 친구인지에 관한 일치된 견해가 성립되지 않았다. 노올스 부서의 조사와 관련하여 미즈 씨에게 어떤 명칭이 올바른 선택이 결정적으로 중요하다. 그 이유는 명칭의 선택을 통해서 노올스의 문서파기가 범죄에 해당하는지 또는 해당되지 않는지가 결정되기 때문이다. 이는 관련자(노올스-미즈)의 각각 다른 권한과 책임을 동반하며 문서파기의 반대되는 평가를 동반하는 "친구"와 "검사"라는 범주 중에서 어떤 것을 선택하느냐에 따라 결정된다.

동일한 사태를 여러 각도에서 다양하게 기술하는 것은 모두 **진실**일 수 있다. 하지만 그럼에도 불구하고 매우 상이한 것이 **중요한** 것으로 부각된다(Schegloff 1972). 대화참여자가 부여하는 바로 이런 특수한 중요성이 재구성되어야 하는 대상이다. 이는 영향력이 매우 큰 **추론**이 명칭의 선택에 달려 있는 만큼 더욱 중요하다. 사건을 어떻게 설명하고 옹호하며 평가하는지, 누가 무엇에 책임이 있는지, 또는 행위자에 대해서 어떤 기대를 하고 있는지 등을 명확하게 주장하지 않는 경우가 많다. 그러한 것들은 많은 경우 사태의 범주설정과 기술을 통해서 보다 효과적으로 암시된다(Potter 1996; Hutchby/Wooffitt 1998, 202ff.). 그렇기 때문에 기술은 **수사학적 자원**이다(Potter/Wetherell 1994). 선택의 원칙과 중요성 부여 그리고 수사학적 꾸밈의 가능성들이 기술에서 가장 눈에 뜨이고, 모든 대화의 실행방법에 매우 보편적으로 적용된다. 대화실행방법의 **구성적 자원**뿐만 아니라 대화 실행방법의 **기능**과 의미 또는 성과 등도 마찬가지로 긍정적 특성, 즉 고립적으로 확인 가능한 특성을 분석하는 것만으로 규정되지 않는다. 대화 실행방법의 구성적 자원 그리고 그것의 기능과 의미 또는 성과 등을 규정하려면 기존의 자료에 대해서 **대안**적인 것을 제시하는 여러 **가능성**들을 비교해야 한다. 다른 행위들과 비교하여 나타나는 차이점과 유사성이 있어야 비로소 대화 실행방법의 핵심과 기능이 분명하게 나타난다. 비교의 토대로 말바꿈적(paradigmatic) 의미관계의 일반적이고 기호학적인 원칙이 있다(Lyons 1980, 8장과 9장). 이 원칙은 다음과 같이 설명할 수 있다. 한 요소의 의미는 동일한 위치에 나타날 수 있는 대안적 요소이지만, 그 위치에서 실제로 실현되지 않은 대안적 요소들과의 관계 속에서 규정된다.26) 이러한 화용론적 관계로부터 초점 요소의 의미는 비교 가능한 대안적 요소들과의 관계 속에서 변화할 수 있음을 추론할 수 있다.

이것이 방법론적으로 의미하는 바는 실제적인 것을 잠재적인 것으로 비교한다는 것이다. 고려해야 할 것은 어떤 선택 가능한 것들이 선택되지 **않았는가**에 관한 것이다. 예를 들면 어떤 것에 대해서 이야기하지 않았는지, 누가 의견에 대해서 질문을 받지 못했는지, 무엇이 문제화되지 않았는지 등이다. 모든 비교는 비교되는 것과 관련하여 특정한 기준이 필요하다. 그러니까 임의적으로 가능한 잠재적인 것들을 서로 비교하는 것이 중요한 것이 아니라, 기존 자료의 **특정 자질**들을 근거가 확실한 방식으로 **변화시키고** 그러한 변화의 결과에 대해서 질문하는 것이 중요하다.

그러한 변화의 질문에 대한 예는 아래와 같다.

- 이 대화의 부분에서 지금의 행위 대신에 어떤 다른 행위들이 이행될 수 있었겠는가?

---

26) 그러니까 출발점은 구조주의적 의미개념이다. 그러나 그 의미개념은 기존의 구조주의적인 방법론과는 달리 과정적으로 그리고 화용론적으로 확장된 것이다. 이에 대한 자세한 설명은 하지 않기로 하겠다.

- 동일한 행위가 어떻게 다르게 이행될 수 있었겠는가?
- 표현된 사태가 또한 어떻게 범주화될 수 있었겠는가?
- 당면하고 있는 발화의 강세가 어떻게 달리 주어질 수 있었겠는가?

이러한 변화에 관한 생각들을 체계화하기 위하여 구조주의적 방법론들, 바꿔보기 실험, 빼어보기 실험, 보충 실험, 자리 바꿔보기 실험 등이 유용하다.

알렉스	**다:만** 내가 **묻고자** 하는 것은 ::- **구울리오** 에 :: 에 내가 -(.)아는 바로=는 **흑인** 그래 알렉스 미국[에서] 왔어 맞아; (.) 그리고 아저씨들은
미카엘라	**독일사람**

변화를 위한 실험은 예를 들면 다음과 같이 시행해 볼 수 있다.

- 바꿔보기 실험 : "독일사람"을 "록 뮤지션" 또는 "극우주의자", "백인"또는 "유럽인"으로 바꿔보기; **"다:만"**을 "그러나", "첨가해서 말한다면" 또는 "자 이제 한 번 들어봐"로 바꿔보기
- 빼어보기 실험 : **"다:만"**, "내가 -(.)아는 바로=는", **"흑인"**, 또는 "미국[에서]"를 빼어보기
- 보충 실험 : "독일인" 또는 "나치스"를 알렉스가 한 발화의 뒤에 붙여보기
- 자리 바꿔보기 실험 : 아저씨들에 관한 진술을 쿨리오에 관한 진술 앞에 놓아 보기

이러한 실험들은 또한 행위와 모든 대화기여 또는 대화의 부분에 대해서도 실시해 볼 수 있다. 예를 들면 질문을 곧바로 하지 않고 질문에 앞서 먼저 예고한다면 어떤 기능이 나타나는 가를 살펴보는 것이다.

변화를 통해서 차이점과 유사점을 확인할 수 있다. 이러한 것들은 초점 요소의 특수한 성격을 보다 확실하게 파악하기 위해서 해석하고 설명

해야 한다.

- 변이 형태와 다르게 초점 요소에 대해서 어떤 기능과 성능 및 의미의 뉘 앙스가 특수한가? 보통의 경우 하지 않을 어떤 추론이 있는가?
- 초점 요소를 통해서 어떤 후속 기대와 반응의 가능성들이 대화 상대자 를 위해서 특수하게 설정되는가?
- 반대로 대화의 초점 요소 때문에 잠재적으로 가능한 특정 행위와 표현 그리고 추론과 반응 등이 실현되지 않은 것으로 인해서 어떤 기능이 나 타나는가?

비교는 머리 속 실험의 변화를 통해서도 할 수 있다. 이것은 대화분석 자의 본능, 즉 무엇이 특정 대화부분에서 기대할 수 있거나 또는 적절하 거나 아니면 가능했었을 수도 있겠다는 대화분석자의 가설에 근거한다 (Overmann et al. 1979, 42ff.). 물론 **모든** 범주화 또는 해석의 이면 에는 머리 속 실험의 변화가 어느 정도 **함축적으로** 존재한다. 그 이유는 어떤 것을 어떤 **것으로** 범주화한다는 사실은 그 어떤 것이 다른 범주들 에 속하는 것과 차이를 나타낸 다는 사실, 즉 어떤 특정한 다른 것이 **아 니라는** 사실을 함축하고 있기 때문이다. 그렇기 때문에 머리속 실험의 변화는 함축적 비교로서 이미 연속체 분석(6.2.)에서 핵심적 역할을 한 다. 이것을 넘어서고 머리 속 실험을 통한 명시적 변화는 하나의 대화 부분에서 선취하지 않은 여러 다른 해석을 전개하기 위해서, 특히 상세 분석의 첫 번째 단계에서 반드시 필요하다. 실험적 변화는 경험적으로 비교할 적절한 부분이 없을 경우 또는 체계적으로 그러한 것들을 찾으려 고 하는 나중의 연구과정에서도 중요하다. 연속체 분석(6.2.)과 특정 사 례를 초월하는 분석(6.5.)의 관점들과 비교하면 머리 속 실험의 변화는 훨씬 더 추측에 바탕을 두고 있다. 그 이유는 그것이 경험주의적 현실에 근거하는 것이 아니고, 여러 다양한 출처로부터 나오는 지식을 근거로 실 재하지 않는 가능성에 바탕을 두기 때문이다. 물론 바로 여기에 자기 자신 의 본능적 능력과 확고한 믿음을 과대평가 하는 위험이 있다. 회화분석론은 극단적인 경험주의적 연구방법론을 통해서 반 본능적이거나 전혀 상상할 수 없는 대화의 현상들이 체계적으로 조직되어 있음을 보여줄 수 있었다(Heritage 1984, 238ff.). 그리고 언어행위에 관한 피질문자들의 의사소통 외적 본능이 타당하지 않은 경우가 많다는 것은 사회언어학 연구의 진부한 말에 불과하다(Labov 1980a). 머리 속 실험에 관한 생각은 그렇기 때문에 **경험주의적 변화**를 통해서 보조되고 증명되며 경우에 따라서 거짓으로 판명되어야 하는 분석의 가설을 획득하는 방법론으로서 가치가 매우 높다. 특정 사례를 넘어서는 분석도 그러한 작업을 바탕으로 한다.

→ 변화 방법의 이용

모든 초점 요소는 여러 차원(예:행위, 범주화, 강세)과 관련하여 대안적인 것들과 비교되어야 한다. 비교의 기준 가운데 어떤 것을 선택할 것인가는 자료와 연구 과제에 달려 있다. 다음의 질문들이 제시되어야 할 것이다.

- 어떤 대안적인 것들이 가능하거나 적절하며 기대할 만 한가?
- 대화의 부분에 다른 대화참여자에 의해서 실현될 만한 것이 있는가 (예:동일한 사태에 대한 다른 범주화; 동일한 행동을 수행하는 다른 양상)?
- 바꿔보기 실험, 빼어보기 실험, 보충 실험, 자리 바꿔보기 실험 등을 통해서 초점 요소의 어떤 특성이 나타나는가?
- 대안적 요소들 사이에 어떤 공통점과 차이점이 있는가?
- 대안적 요소들과 비교할 때 초점 요소에 어떤 특수한 기능과 성과 또는 의미의 특수성이 있는가? 초점 요소는 특수한 반응의 가능성과 추론 가운데 어떤 것을 가능하게 하는가?
- 어떤 결과 또는 해석이 초점 요소 때문에 배제되는가? 어떤 특정한 것들이 체계적으로 회피되는가, 초점 요소가 특정한 대안 요소에 대해서 반대적 입장을 취하는가?

6.5 분석의 심화 : 개별 사례를 초월하는 분석

개별 사례를 초월하는 분석에서 몇몇 소수의 대화부분에서 전개된 해석과 가설이 검증되고 개선된다.[27] 현상의 여러 변이형들이 대량으로 연구되어야 비로소 대화의 실행방법과 상호작용 과제의 특성에 대한 근거가 명확히 진술될 수 있고 검증이 덜 된 성급한 일반화를 피할 수 있다. 이상적(Idealiter)인 대화분석은 한 연구 현장에서 나타나는 대화 현상 하나의 여러 변화를 예측하는 **개념적으로 조밀한 이론**을 갖추고 있어야 한다(Strauss 1991, 25). 개념적으로 조밀한 이론은 한 사례가 나타나는 문맥에서 여러 다른 사례들과 변이형들을 설명하고, 그것들을 각각의 특수한 조건과 과제에 적응되어 있는 **문맥에 민감한** 해결로 이해하게 함으로써 **유형학적 세분화**의 특성을 갖게 된다. 이에 대한 보완으로 보편적이고 문맥에 거의 무관한 대화 실행방법의 기본구조를 탐구한다. 이때 무엇보다도 그 기본 구조의 절차적 원형성을 설명하고 분석을 이론적 · 기능적으로 심화시키는 것이 핵심 과제이다. 이러한 것들은 다른 사례들과 연구 과제에 유용할 수 있는 보다 일반적이고 추상적인 **상호작용 이론적 범주와 성찰**을 위한 토대가 된다.

사례비교는 **대상의 구성**(나는 무엇을 알고자 하는가? 무엇이 내 연구의 대상이고 현상영역인가?)과 **대상의 분석**(연구되는 자료는 어떤 특성을 가지고 있는가? 2.2 참조)이 서로를 완성시키는 **나선형 과정**으로 진행된다. 사례비교는 반복해서 진행되는 다음의 단계로 이루어진다.

---

27) 이 책에서 '사례비교'는 하나 혹은 여러 대화 실행방법의 다른 사례로 연구되는 여러 대화 연속체의 비교를 의미한다. 그러나 그러한 연속체들은 여러 다른 대화에서 출처할 필요는 없다.

1. **대상의 구성** : 처음에 상세하게 분석한 연속체 분석의 결과가 사례 비교의 기초이다. 연속체 분석은 대화의 특정한 실행방법 그리고/또는 상호작용 문제(=대상)의 경계를 경험적으로 설정하는 것을 포함한다. 사례분석에서 상호작용적 문제의 특성에 관한 첫 번째 가설이 설정된다. 이 가설에서 가설을 체계적으로 검증하고 정밀화하며 다른 문맥의 요소들을 고려하는 등의 목적이 있는 질문이 도출된다(예:Heritage 1995, 401).

2. **샘플링** : 이 단계에서는 첫 번째 단계에서 발생한 질문들을 설명하는 데 적합한 경우들을 체계적으로 찾는다('**이론적 샘플링**'의 원칙; Strauss/Corbin 1996, 148ff.). 그 외에도 앞에서 상술한 기준에 따라 선택한 여타의 사례들을 연구할 수 있거나(아래를 참조) 또는 모든 현상들을 하나의 연구 자료 안에서 연구할 수도 있다. 이 두 유형의 연구는 흥미로운 대화 실행방법의 사례들의 **수집**을 바탕으로 이루어질 수 있다 (4.2.를 보라). 대화분석의 분석적 정신 가운데 하나가 바로 **자료에 관해서 훤하게 알고 있어야 하는 것**이다. 자료를 훤하게 알고 있다는 것으로 현장작업, 자료수집, 목록화, 전사작업, 다른 관점 하에 진행한 이전 분석, 테이프를 반복적으로 듣기 등을 예로 들 수 있다. 비교되는 사례들 중에서 목적에 맞는 사례를 선택하고, 지나치게 성급한 일반화를 피하며, 그리고 특별한 문제들과 변이형들 및 한 대상과 다른 사태 사이에 존재하는 관계의 다양성을 고려하고 그것을 인식의 형성을 위해서 이용할 수 있는 "섬세한" 질문의 개발을 위해서도 자료에 관한 심화된 지식은 반드시 필요하다.

3. **대상의 분석** : 두 번째 단계에서 선택된 비교 사례들을 연구하는데, 특히 상세한 연속체 분석의 원칙을 철저하게 따른다(6.2). 이때 특히 첫 번째 단계에서 제기된 질문들을 고려한다.

4. **앞의 세 단계를 이론적으로 만족할 때까지 반복** : 세 번째 단계의 결과는 대개 연구의 대상(대화의 실행방법 또는 상호작용의 문제)이 변화하도록 한다. 이때 다음의 사항들이 명확해진다.

a) 서로 속하지 않는 것처럼 보이는 대화의 현상들이 같은 방식으로 조직되어 있다.
b) 현상들이 근본적인 특성에서 서로 차이가 나기 때문에 같은 유형의 사례로서 간주될 수 없다.
c) 연구의 대상을 새롭게 표현해야 한다.

> a의 경우) : '질문'에 대한 연구의 결과 통사론적으로 질문문이 아닌 많은 수의 형식들이 '질문'으로서 사용되고 있음을 알 수 있다 (예:진술문 또는 말의 끝 부분이 올라가는 불완전 문장).
>
> b의 경우) : '질문'에 관한 연구 결과 통사론적으로는 질문문이지만, 대화에서는 '질문'이 아닐 수 있음이 밝혀졌다. 예를 들면 수사학적 질문과 인용된 질문은 대답을 요구하지 않기 때문에 상호작용적으로 '질문'이 아니다. 그 외에도 다양한 유형의 '질문'이 구분되어야 한다. 예를 들면 시험질문, 교사질문, 정보질문 등이다.
>
> c의 경우) : 예를 들면 경찰 심문의 연구에서 심문을 하는 사람의 행위에 '질문'의 범주는 속하지 않고, '자백을 유발하는 담화적 조치'의 범주가 속한다는 사실이 밝혀질 수 있다. 그러한 담화적 조치에 속하는 것으로는 추측 또는 버티기 등과의 대결이 있을 수 있다. 반면에 피의자의 개인신상에 관한 것은 그러한 담화적 조치에 속하지 않는다.

대화분석의 여러 결과에 따라서 연구의 대상이 새롭게 규정되고 연구할 현상들의 수집이 그에 맞게 수정될 수 있도록 한다. 연구의 진행 과정 중에 이론적 만족할 만한 결과가 나타난다(Strauss/Corbin 1996, 159). 다시 말해서 자체적으로 검증이 이루어지는 일관된 원형이 형성된다. 그리고 기본구조를 수정하는 새로운 양상들이 더 이상 나타나지 않는다. 그리고 나면 여타의 사례들이 선별적으로 그리고 가설에 따라서 분석될 수 있다. 그러나 완전히 새로운 질문과 인식이 나타나거나 지금까지의 가설들이 확인되지 않는다면 상세하고 자료에 근거한 연구로 반드시 되돌아가야 한다. 이때 앞서 분석한 자료를 **재분석**하는 것이 의미가 있을 수 있다.

그러니까 대화분석에서는 대상의 구성과 대상에 대한 지식이 엄격하게 서로 분리되고 일직선으로 그리고 순차적으로 이어지는 단계가 아니다. 적절한 대상의 구성을 위해서 높은 수준의 경험적 지식이 요구되고, 질문을 적절하게 표현하려면 이미 대화의 실제에 관한 많은 지식을 필요로 하는 것이다. 연구과정이 진행되는 과정에서 진술은 **추상성**과 **통합성**이 점증하는 양상을 보여야 한다. 처음에는 특정 사례의 문맥에 있는 대화 현상의 기능방식을 정확하게 설명하는 것이 핵심이다. 이때의 과제는 잠재적으로 중요한 많은 해석의 유형과 범주 그리고 분서의 측면 등을 개발하고 고려하며, 임시적이고 앞으로 더 살펴보아야 하는 가설로서 규정하는 일이다. 이 단계에서 너무 성급하게 결론적으로 가설을 설명하거나 여러 다른 가능성 가운데 하나를 확정적으로 선택하는 것은 바람직하지 않다. 특정 사례를 초월하는 분석의 과정에서야 비로소 연구대상의 근본적이고 보편적인 중요한 자질들을 바탕으로 가설과 양상 그리고 범주들을 일반화해야 하고 이들을 서로 견고하게 연결해야 한다.

> 이때 자질들을 다른 추상성의 정도로 표현해 보는 것은 가치가 있는 일이다 (예:심리치료를 위한 도움의 추구 〈 상담상황 〈 과제중심적 의사소통). 이때 주의해야 할 점은 자질의 특정 차원에 "매달리지" 말고(예:"제도적 대 사적 의사소통"), 다양한 자질의 차원을 고려하고 그것들의 개별적인 기능을 찾아내야 한다(예:"평등 대 불평등", "관심 대 무관심", "가까움 대 거리가 있는" 등).

아래에 대화의 실행방법과 상호작용의 구조에 관한 일반적 진술을 획득하는 데 근본적이고 개별 사례를 초월하는 분석전략에 대해서 논의하기로 한다. 찾아보아야 할 것과 규정해야 할 것은 아래와 같다.

I   **동시 출현**
II   **구성 성분과 형태의 분산**
III   **주변 사례와 인접한 실행방법과의 관계**
IV   **일탈적 사례들과 교정의 방법**

V   전략적 이용
VI   다른 문맥에서 출현
VII 설정된 가설을 검증하고 지금까지의 분석에서 나타난 질문에 대
     한 답변을 하는 데 적합한 사례들

I. 동시 출현

초점 요소가 다른 요소 및 문맥 조건 등과 동시에 나타나게 되면 초점 요소의 기능과 결과에 대해서 뿐만 아니라, 초점 발화로 인해서 충족되어야 하는 요구에 대해서도 설명을 할 수 있다. 동시 출현은 **잉여적 정보**를 의미할 수 있고(예:대상을 언어적으로 지칭하는 것과 손가락으로 가리키기), 초점 요소를 명확하게 해석하는 데 기여할 수 있다. 명시적 언어의 형태로 나타나는 '동시 출현의 증거(co-occuring evidence')(예:Heritage 1989, 246f.)는 운율적 자질 또는 불변화사 등을 해석하는 데 매우 유용하다(예:Heritage 1984b, 불변화사 oh를 예로). 동시 출현은 더 나아가 여러 요소들이 하나의 전체적 관계에 있음을 가리키기도 한다.

이는 특히 상호작용의 스타일(Hinnenkamp/Selting 1989; Kallmeyer 1995b)과 감정표현의 형태에 해당된다. 그러한 것들은 개별적 자질들로 구성되는 것이 아니고, 지속성과 상호작용 행위의 다양한 차원들 사이의 체계적인 상호 관계를 필요로 한다. 예를 들면 분노를 표시하기 위해서 특정한 운율적, 어휘 의미적 틀을 형성하고 수사학적인 자질들이 동시에 출현을 해야 한다(Christmann/Günthner 1996). 마찬가지로 신뢰의 획득도 개별적 행위에 의해서가 아니라 상호작용의 전체 과정에서 일관된 참여의 방식을 통해서 획득된다. 그러한 배경 하에서야 비로소 개별적 행위들이(예:증명을 위한 논증 또는 감정적 폭발) 설득력 있게 증명된다
(Deppermann 1997a).

Ⅱ. 구성성분과 형태의 분산

여러 사례들의 폭넓은 분산을 연구하는 것은 일반적으로 대화 실행방법을 체계적이고 포괄적으로 표현하기 위한 기초라고 말할 수 있다. 일차적으로 '폭넓은 분산'의 기준은 양적 기준이라기보다는 질적 기준이다. 연구에서 언어 연구 자료에 나타나거나 연구에 이용될 수 있으며 폭 넓게 나타나는 **다양한 실현 형태**는 철저하게 이용되어야 한다. 다시 말해서 먼저 다양한 경험적 현상들을 기술(記述)적으로 파악하는 것이 중요하다. 그리고 나서 다른 사례들을 대화 실행방법의 **변이 형태**로서 체계적으로 분석하여야 한다. 이는 아래의 사항들에 해당된다.

- 대화 실행방법의 **구성 요소와 실현 형태**에 관한 질문: 어떤 형태 또는 자질들이 요구되고 그리고/또는 충분한지, 어떤 것들이 등가적인지, 어떤 것들이 선택적인지? 체계적인 순서의 관계와 결합 가능성은 있는지? 실현 형태와 관련된 질문들은 상호작용 및 행위의 조직(예:이야기, 화자교체)과 언어적 범주(예:문법 또는 어휘적 형태) 사이의 체계적 관련성을 창출하는 것을 목적으로 한다(Hausendorf/Quasthoff 1996, 127ff.).
- **조건과 기능에 의존되어 있는 실현들**에 관한 질문: 다른 대화의 문맥에 의존되어 있는 실행방법의 다른 형태들은 어떤 모습인가? 다른 문맥에 의존되어 있는 다른 형태들이 어떤 특수한 기능과 결과를 갖는가?[28]

그러한 방법의 최종적인 것으로 대화 실행방법의 변이 형태를 유형별로 나누는 **유형학**이 있다. 유형분류는 대화참여자가 대화 실행방법의 실현 형태를 선택할 때 의존하는 기초 차원에 따른다. 예를 들면 상이한 상호작용의 과제와 조건, 참여역할 또는 행위의 전략이 기초 차원일 수 있다. 뿐만 아니라 가능한 폭넓은 분산에 대한 연구는 대화 실행방법의

---

28) 주의 깊은 독자들은 변이 형태의 변별자질들은 연속체 분석(6.2)의 관점에서야 비로소 획득된다는 사실을 알고 있을 것이다.

종속(種屬)적 **특성**, 즉 일반적이고 문맥에 무관한 대화 실행방법의 특성에 관해서 근거가 확실한 진술을 하기 위한 조건이다. 이러한 특성들은 개별 사례에서는 직접적으로는 전혀 유도할 수 없거나, 기껏해야 추측으로만 알 수 있을 뿐이다.

지금까지 묘사한 (그리고 다른) 관점에 따라서 대화 실행방법의 유형학적 연구에 대한 좋은 예는 노트두르프트(Nothdurft 1984)가 연구한 상담대화에의 문제 표현과, 슈프란쯔-포가쥐(Spranz-Fogasy 1986)가 연구한 반박 또는 데퍼만(Deppermann 1997a)의 연구 조정대화에서 신뢰를 위한 작업에 관한 연구 등에서 볼 수 있다.

III. 주변 사례와 인접한 실행방법과의 관계

대화 실행방법의 전형적인 특성들은 비슷한 구조를 지녔지만 다른 기능을 가졌고 다른 조건하에서 사용되는 인접한 사례들과 비교될 때 분명해진다. 그러한 비교의 대상을 통해서 보통 그냥 지나칠 수 있는 공통점과 차이점, 즉 전형적인 특성들이 명확해진다. 또한 한 사례가 대화 실행방법의 실현으로 간주될 수 있기 위해서 충족되어야 하는 최소한의 요구가 명확하게 표현될 수 있어야 한다. 대조를 할 때 대화의 실행방법을 고립된 개별 과정으로 이해할 것이 아니라, 여러 다른 일반성의 단계로 기술될 수 있는 방향의 틀로 이해하는 것이 의미가 있는 것으로 밝혀지는 경우가 종종 있다. 그래서 예를 들면 화자교체 체계나 청자반응 행위는 매우 다양하게 표현됨에도 불구하고 특정한 구조 및 기능적 공통점을 가진 일반 **유형**으로 정의될 수 있다. 그러한 대조하기의 추상화 수준을 등급별로 나눔으로써 처음에는 전혀 일치하지 않는 것처럼 보이지만, 상호작용 조직의 기본적 특성을 보여주는 대화 현상들 사이의 관련성을 알 수 있게 된다. 대조를 하는 중에 물론 기존의 연구결과를 참조할 수도 있다. 그 연구결과와 관련하여 자신이 하는 연구 대상의 위상을 규정하고 설명할 수 있다. 이러한 방식으로 대화분석의 지식의 양을 체계적으로 쌓아올릴 수 있다. 물론 대조하기와 유형학은 대화의 실행방법을 **구체적인 대상**으로 간주하고 유형학을 원천적인 목적으로 간주할 수 있는 위험을 내포하고 있기도 하다. 경계가 명확하지 않은 전이들과 주변 사례들에 대한 경험적 민감성은 유지되어야 한다. 이론적 관점에서 보면 확고한 경험적 토대를 바탕으로 하는 모든 기술은 **해석적**이고 **관점에 기인**한 것이며 언제나 **구성적 특성**을 가지고 있다. 대화의 한 부분에 대한 대안적(반대되는 것은 아닌) 조직과 해석은 내개의 경우 역시 같은 이유로 가능하다.

대조적 관찰의 잠재적 인식에 대한 좋은 예는 화자교체에 관한 여러 연구가 잘 보여 주고 있다. 예를 들면 법정심리(Atkinson/Drew 1979, 2장)와 뉴스 인터뷰(Greatbatch 1988) 등이 있다. 이러한 제도적으로 특화된 형태들을 자체적으로 대조하는 것과 그것들을 비제도적 일상 생활(Sacks et al. 1974)에서의 화자교체 규칙과 비교하는 것은 근본적 특성과 제한 그리고 개별 상호작용에서 참여자 사이의 불평등성을 확인하는 매우 좋은 토대이다(Drew/Heritage 1992).

Ⅳ. 일탈적 사례들과 교정의 방법

지금까지 설정된 가설(예:조건적 관여성에 관한 가설)들을 부정하는 사례들은 매우 높은 설명력을 가지고 있다. 그렇듯 일탈적 사례들은 매우 다른 형태로 나타나고, 그와 상응하여 모델구축을 위한 상이한 결과를 낳는다.

1. 지금까지의 가정에 대해서 완전히 모순되는 경우는 오류이고 이는 수정되어야 한다.

2. 대화참여자들은 스스로 대화를 일탈적인 것으로 이해한다는 사실을 알려줄 수 있다. 이것은 한편으로 일탈적 행위자 스스로 문제가 있음을

설명해 주는 방식으로 일탈적 행위를 함으로써 나타날 수 있다. 그러한 일탈로 보여지는 것은 표현하는 데 많은 노고가 필요하다는 전형적인 특징이 있다.

포머란츠(Pomerantz 1984)는 예를 들면 초대를 하면 수락이 기대된다는 사실을 가정하였다. 상대방이 초대에 응하지 않는다면 그는 이를 아무렇게나 하는 것이 아니라 대답하기를 주저한다거나, 왜 초대에 응할 수 없는지에 대해서 이유를 대거나 사과를 하며, 유감을 표시할 수도 있고 다른 시점에서 만남을 가시화 하는 등의 행위를 한다. 이런 것들은 초대에 대한 수락을 정상적 경우라고 보고, 거절을 매우 복잡한 형태로 이행한다. 초대에 응할 때에는 그러한 노력이 필요 없다.

다른 한편으로 대화상대자는 다른 사람들의 행위를 일탈적인 것으로 느끼고 있음을 보여줄 수도 있다. 이것은 비판, 제재, 당황스러운 반응 또는 행위의 반복(예:대답이 나오지 않은 질문을 반복하거나 다른 방식으로 재표현) 등을 통해서 일어난다. 결국 교정의 과정이 있을 수 있다. 이 과정은 전적으로 일탈적인 것을 '정상적'으로 되돌려 놓는 특성을 가지고 있다. 이에 대한 널리 알려진 예는 사과의 의례이다 (Holly 1979). 상호작용의 과제가 실제로 필요에 의해서 그리고 규칙적으로 해결되어야 하거나, 또는 규범이 반드시 지켜져야 한다면, 재정상화에 대한 노력이 있어야 하고 그것을 위해서 검증된 교정방법이 존재해야 한다는 것은 거의 필수적이다.

상호작용의 참여자들이 어떤 사건을 일탈적인 것으로 이해한다는 사실을 다양한 방식으로 보여준다면, 일탈적 현상들은 역설적으로 규범적 기대의 타당성을 증명하는 결정적 증거이다. 특히 일상 생활에서 반복되는 의례적 행위의 기저에 있고 너무도 함축적이고 근본적이며 당연한 것이어서 인지되지 않는 상호작용 규칙의 확인을 위해서 그러한 일탈은 없어서는 안 되는 인식의 원천이다. 기대에 대한 규범은 일상생활에서 반복되는 의례적 행위를 파괴하고 방해하는 것 그리고 그 후에 나타나는 결과를 통해서 파악될 수 있다.[29]

3. 일탈 현상이 나타나기는 하지만 일탈적인 것으로 설명할 수 없는 사례

들이 대화분석자에게는 가장 어려운 경우이다.

이러한 현상을 증명하는 예는 지위가 높은 사람이 기초 규칙을 어기지만(예: 질문에 대한 답변을 하지 않음), 지위가 낮은 사람이 그것에 대해서 아무런 말을 하지 못할 때와 같은 불평등한 상호작용의 관계에서 관찰할 수 있다. 다른 한 예는 **문맥을 의도적으로 새롭게 정의**하는 경우이다. 자세하게 말하자면 대화참여자 한 명이 지금까지 타당한 것으로 여겨지는 기대와는 반대되는 방식으로 행동을 하고 이를 통해서 새로운 문맥이 효력을 발생하고 상대방은 새로운 문맥을 수용한다(예:예의를 덜 갖춘 의사소통이 양식이 존경심을 표현하지 않는 것이 아니라 친밀성과 공감대가 증가된 표시로 파악되는 경우).

그러한 사례들은 표면적으로 보면 처음의 가설을 폐기해야 할 동기를 부여한다. 그러나 이는 일탈을 그러한 것으로 치부하지 말아야 하고 (권력에 의해서 조종되는 상호작용의 경우), 일탈이 수용되거나 심지어는 선호될 수 있도록 재치 있게 수행하는 것(수사학적 성공의 경우)이 본질인 그러한 일탈 현상의 '핵심'을 간과하게 된다. 그러한 무표(無標)적 일탈의 확인과 주장은 예를 들면 숨겨진 표지나 특수한 문맥 정보 또는 일탈의 여러 일탈 현상에 근거할 수 있는 개연성을 필요로 한다. 비록 명확하거나 함축적으로 이루어지는 일이 많다고 하더라도 엄격한 의미의 경험적 대화분석 연구는(본능적으로) 상호작용의 규범에 맞는 형식을 단순하게 요구하고 이를 바탕으로 일탈 현상을 진단하는 것을 금지한다.

V. 전략적 이용

대화의 실행방법과 관련하여 기대되고 규칙에 따른 반응 또는 상대방의 추론을 비공개적인 다른 목적달성을 위해서 사용할 때 대화의 실행방법은 전략적으로 이용되는 것이다. 전략적 이용을 시도하고, 특히 전략

---

29) 가핑켈(Garfinkel 1967)은 **위기실험**에서 호혜주의에 대한 근본 기대를 체계적으로 파괴한 것을 방법론의 주원칙으로 삼았다.

적 이용이 성공적으로 이루어진 경우 설정된 원형이 매우 안정되어 있고 구속력이 있기 때문에 전략적 이용자가 규칙적인 결과에 대해서 신뢰할 수 있음을 의미하는 것이다.

널리 알려진 전략적 행위의 예로 자신을 어리석게 보이게 하는 행위를 들 수 있다(Kallmeyer 1977). 이때 전략적으로 행동하는 사람은 다른 사람이 수행한 발화의 의미를 문자적 의미로 해석함으로써 그 발화로부터 기대되는 행위를 명시적으로 거부하지 않으면서도 상대방의 기대를 회피하는(예:간접적인 부탁을 들어주는 것) 방식으로 발화의 간접성을 이용한다. 전략적 이유로 대화상대자가 자신의 관심을 직접적으로 표현하기를 피해야 하는 경우에 그러한 행위는 더욱 더 성공적으로 이용될 수 있다.

VI. 다른 여러 문맥에서 출현

모든 대화는 참여의 구조나 대화유형 그리고 문화 등과 같은 문맥의 변수에 의해서 다르게 실현된다. 뿐만 아니라 많은 경우 기초 구조 자질들은 문맥과는 독립적이다. 그리고 많은 대화들은 매우 특수한 문맥에서만 나타나고 특정한 화자집단에 의해서만 수행된다.30) 어떤 대화영역에서 대화의 실행방법이 실행되는지, 그리고 그것이 여러 다른 문맥에서 어떻게 적용되는지를 규정하는 것이 대화의 실행방법을 포괄적으로 기술하는 것이다. 이때 대화 실행방법의 (상대적으로!) **문맥과 무관한 기본 구조**와, 이것이 특수한 상황과 상호작용 목적 그리고 대화의 내용 등과 같은 **문맥에 민감하게 적응하는** 것의 본질이 무엇인지를 알아내야 한다. 여러 다른 문맥에서 화자교체의 일반 구조와 특화된 현상에 대한 연구를 하나의

---

30) 한 예로 의례적인 쌍방 모욕하기가 있다(Labov 1980b). 특정문화와 관련된 대화 형태의 차이점과 특수성은 특히 의사소통의 민족지학 연구의 대상이다(Duranti 1997; Saville-Troike 1989).

대표적인 연구사례로 볼 수 있다(Drew/Sorjonen 1977, 106f.).

Ⅶ. 가설 검증

모든 연구에서 근본적인 것은 가설을 체계적으로 검증하고 질문에 대한 답변을 할 수 있는 사례들을 찾는 것이다. 이는 머리 속 실험, 개연성에 대한 논거, 또는 이론적 구조분석에 근거하고 매우 확실한 깃처럼 보이는 바로 그러한 성찰에도 적용된다. 논리적으로 진술을 하고 이로부터 검증할 사례에 대한 전략을 얻어내는 방법이 권장된다. 특히 중요한 것은 **A이면 B 형식의 가설**이다. 이러한 가설로부터 다음의 것을 추론할 수 있다. A가 있을 때 B도 반드시 있어야 한다(=modus ponens). B가 아닌 것이 있을 때 또한 A가 아닌 것도 있다(=modus tollens). 이러한 형식주의는 예를 들면 필요하다고 여겨지는 대화 실행방법의 구성요소, 규칙적 조건 또는 결과에 대한 테스트에 이용될 수 있다. 다른 하나의 전략은 의미적·이론적 **함축**을 이용하여 가설로부터 결과를 도출하고 이것을 검증하는 데 있다. 특히 흥미로운 것은 대화 실행방법의 기능을 바탕으로 나타날 수 있는 후속 문제이다. 예를 들면 갈등을 해소하고자 할 때는 양 당사자를 만족시키기 위해서 모호한 언어표현을 최소로 하는 것이 적절하다. 그 이유는 양 당사자가 그러한 언어표현을 자신들의 입장과 일치하여 해석할 수 있기 때문이다. 그러나 그것은 누가 올바른 해석을 했는지에 대한 새로운 다툼이 생겨나거나, 양 당사자가 갈등을 해소한 이후 매우 다른 결론을 내릴 수 있는 위험을 내포하고 있다. 중요성과 타당성이 불명확한 요소들과 관련성에는 다음의 격률이 적용된다. 즉 이러 저러한 **조건**들 하에서는 어떤 일이 발생하는가? 모든 체계적인 가설의 검증을 넘어서 함축적 가설을 알 수 있게 하고 비판할 수 있게 하는 전혀 생각하지 않았던 일에 대해서 마음을 열어 놓고 있어야 한다(Miles/Hubermann 1995, 270).

갈등대화에서 신뢰 구축에 관한 연구를 할 때 불신감을 직접적으로 이

야기하는 것이 경쟁적 대화양식의 구성적 자질이라는 결론에 도달했다
(=modus ponens). 이와는 달리 협력적이고 격식을 갖춘 대화에서는
불신의 표현이 회피된다(=modus tollens). 그런데 어떻게 회피를 증명
할 수 있는가? 그저 아무 것도 없다는 것은 무엇인가가 체계적으로 행해졌
다는 것에 대해서 아무 것도 증명할 수 없다! 그래서 회피가 실제로 있다
고 파악되는 사례들을 찾아야 한다. 다음의 예에서 그러한 사례가 발견된
다. '마지못해서' 혹은 신뢰에 대한 의심을 간접적으로 표현하거나, 합의에
대한 다른 시도가 결실을 맺지 못한 뒤에 불신에 대한 표현이 최후의 수단
으로서 사용될 때, 혹은 불신에 대한 표현이 매우 복잡한 양식으로 교정되
고 그에 대해서 사과를 하는 것 등이다(Deppermann 1997a, 268ff.).
사태에 대해 서로 주장을 할 때 양당사자가 믿고 있는 것을 서로 협의하는
과정에서 근본적인 관계의 갈등이 나타날 수 있다. 이러한 결론을 내리
게 되는 근거는 체면유지와 인간 관계에 저해가 되는 장애를 제거하는
것이 주목적일 때 진리와 신뢰는 문제의 사안이 아니라는 사실을 통해서
뒷받침된다.

> **→ 대화의 개별 사례를 초월하는 분석**
>
> 다음의 것을 찾으십시오.
> 1 동시 출현
> 2 구성 성분과 형태의 분산
> 3 주변 사례와 인접한 실행방법과의 관계
> 4 일탈적 사례들과 교정의 방법
> 5 전략적 이용
> 6 다른 문맥에서 출현
> 7 설정된 가설을 테스트하고 지금까지의 분석에서 나타난 문제에 답변
>   을 할 수 있는 데 적합한 사례들

학문적 질을 평가하는 기준으로는 먼저 **신뢰성**(자료의 정확성과 신뢰성)과 **타당성**(자료와 사회적 실제성 그리고 이론적 개념 사이의 관계, 학문적 진술의 진실성과 일반화의 가능성)이 있다. 그 외에도 연구과정의 **투명성**과 **(실제적) 중요도** 또는 **독창성**도 질적 평가의 기준으로 거론된다.1) 여기서는 대화분석에 중요하고도 전형적인 측면에 대해서 논의하기로 한다.

연구의 질은 개별 자질들에 의해서 평가되는 것이 아니다. 타당성에 관한 질문은 거의 모든 연구단계와 그것들 사이의 관계에 적용된다. 연구의 관심, 이론적 틀, 방법론, 방법, 개별 질문, 자료 수집, 자료, 자료 평가 및 보편적 가치를 지닌 진술은 서로 모순되지 말아야 하고 체계적이고 유기적인 상호 관계에 있어야 한다. 지금까지 기술한 방법론적 원칙과 절차들은 회화분석론의 진술 획득을 위한 바탕일 뿐만 아니라, 그

---

1) 해석적 연구의 일반적 관점에 대한 토론은 Altheide/Johnson(1994), Flick(1995, 8장), Kvale(1989)와 Silverman(1993, 7장) 등에 있고, 특별히 대화분석적 연구에 관한 것은 Peräkylä(1997)에서 볼 수 있다.

것들은 또한 기준들을 구체화하고, 타당성의 검증과 제고를 위한 검증을 의미하기도 한다. 가장 중요한 세 가지 측면에 대해서 간략하게 논의하기로 한다.

Ⅰ   연구 자료의 질
Ⅱ   대화분석의 실행과 표현
Ⅲ   보편화의 가능성에 관한 질문

Ⅰ. 연구 자료의 질

기억에 바탕을 둔 보고서, 실험, 설문, 역할놀이 등과 같은 여타의 방법론과 비교하면 대화분석은 경험적 실제성, 즉 자료의 **생태학적 타당성**에 대한 매우 높은 요구를 받고 있다. 다시 말해서 일상 생활에서 실제로 일어난 사례여야 하고, 이에 대한 진술이 이루어져야 한다(='자연성의 원리', 3).2) 녹화와 전사를 함으로써 상호작용의 과정과 상세 사항들이 분석을 위한 자료로 남게 된다. 조작이나 본능이 연구되는 것이 아니다. 원래 진술되어야 하는 실제에 대해서 조작이나 본능은 불투명하거나 인위적이다. 이때 다음의 것들에 대해서 주의해야 하고 경우에 따라서 대화분석에서 검증해야 한다.

  - **관찰의 패러독스**가 어떤 역할을 하는가 (3)? 연구자나 카메라 또는 녹음기가 있음으로써 행동들이 얼마만큼 영향을 받는가? 다시 말해 행위자들의 행위가 그러한 것들을 얼마만큼 특별하게 의식을 하고 있는가? 이러한 것은 한편으로 대화분석 자체 내에서 검증해야 하고, 다른 한편으로는 비정상적인 것과 행동하지 않은 것을 발견하고 그것들의 중요성을 평가하기 위해서 민족지학적 지식을 참조해야 한다.
  - 연구 자료가 제기된 질문에 대한 대답을 할 수 있는가? 특히 문제가 되는 것

---

2) 그러니까 예를 들어 교육학적 상호작용(=유형)에 대해서 연구하고자 한다면 교육학적 상호작용에서 일어난 사례를 연구해야 한다.

은 조작된 상황(역할놀이, 집단 토론)으로부터 그것의 실제적인 사실을 유
추하려고 하거나, 심리학이나 사회학에서 늘 그러한 것처럼 행위와 체험에
관한 인터뷰를 통해서 행위와 체험을 연구하려는 것이다(이에 대한 비판은
Neumann-Braun/Deppermann 1998). 대화분석에서는 연구하려는 것
의 상황정의가 재구성되어야 한다. 그리고 연구의 전제가 상황정의와 일치
하게 해야 한다. 그렇지 않으면 연구의 전제는 수정되어야 하거나 다른 자료
를 수집해야 한다.
- **민족지학적 적절성**과 **자료의 완전성**에 주의를 기울여야 한다 (3)! **자료의
  신뢰성**은 녹화의 질과 숙련된 전사자 및 정밀하고 약속된 협의에 바탕을 둔
  문자화에 의존한다 (3)!

Ⅱ. 대화분석의 실행과 표현

타당성을 가진 사례 분석의 기초로 6장에서 논의한 기준들을 들 수 있
다.

- 진술은 자료에 근거해야 하고 분석을 바탕으로 전개하여야 한다. 자료
  들은 미리 설정한 가설을 증명하기 위해서 선별적으로 처리되어서는
  안된다. 진술은 가능한 대화참여자의 활동과 직접적으로 연계되어 있
  어야 한다('display'의 원칙). 특히 문맥 관점의 중요성은 대화의 진행
  을 위한 문맥 관점의 결과를 통해서 증명되어야 한다('procedural
  consequentiality'의 원칙, 6.4)
- 분석은 대화의 연속체 생성의 진행 과정을 따라야 한다. 특히 앞질러
  나가거나, 후행하는 것을 이용하여 앞에 것을 설명하지 말아야 한다.
- 대화참여자가 직접 분절한 단위와 이해에 필요한 문맥을 고려해야 한다.
- 분석은 분석자료의 상세 부분들과 전적으로 일치해야 하고 진술은 분석
  에 근거해야 한다.

민족지학적 추가자료들은 대부분 보조자료로만 사용해야 한다. 즉 검
증하는 데 참조하는 정도로 그쳐야 한다. 그러나 민족지학적 자료를 이

용하여 대화분석의 타당성을 검증해야 한다면 함축적으로 설정된 가정 (예:피질문자의 표현능력과 표현의 자발성; 6.4)이 실제로 맞는지에 대해서 언제나 깊이 생각해야 한다.

이론적 진술의 타당성은 근본적으로 6.5에서 표현된 사례들의 비교가 실행되느냐의 여부에 달려 있다. 특히 일탈적 사례들에 대한 검색과 이론적 샘플링에 바탕을 둔 가설의 검증은 반드시 필요하다. 대화의 실행 방법과 상호작용의 문제에 관한 안정적이고 일반적이며 개별 사례로부터 벗어날 수 있는 진술이 획득되고 이론적 개념에 대한 총체적이고 조직 가능한 표지들을 나타낼 수 있다면 진술들은 최종적으로(!) **양적으로** 검증될 수 있다.3)

연구과정에서 질의 확보만큼 중요한 것은 연구결과의 수용자들이 연구의 질을 판단할 수 있도록 하는 것이다. 그렇기 때문에 질적 기준은 연구 **보고**의 기준으로 변화하는 것이다(Lüders 1995). 이것은 질적 요구를 고려했다는 **주장**을 통해서 충족되기보다는, 독자가 자체적으로 결과의 도출을 이해할 수 있고 타당성에 관해서 판단할 수 있는 정보를 **제시**함으로써 충족된다(Reichertz/Soeffner 1994). 이것은 물론 부분적으로만 달성될 수 있다. 연구의 진행 과정을 완벽하게 표현하는 것은 불가능할 뿐만 아니라 피곤한 일이기도 하다. 대화분석의 근본적인 장점은 수용자들이 **출판된 전사 자료**(경우에 따라서는 음성 또는 화면자료를 이용하기도 하여)를 검토할 수 있고, 자신들만의 해석을 전개할 수도 있으며 자신들의 해석을 연구자의 해석과 대립시킬 수도 있다. 그렇기 때문에 연구결과를 구체적이고 이해하는 데 유리하며 또한 비판도 가능하

---

3) 여기서는 대화분석을 위해서 통계적 방법을 이용할 때 가능성과 문제점에 관해서 폭넓게 논의할 수 없다. 에이즈 상담대화와 관련한 충고의 연구에서 실버맨(Silverman 1993, 166ff.)은 가설을 테스트하는 샘플링, 양화(量化)와 일탈적 사례들의 분석이 어떻게 결합되는 지를 매우 잘 보여주고 있다. 셰글로프(Schegloff 1993)는 대화분석 연구에서 양화의 방법론적 문제들에 대해서 명쾌하게 논의하고 있다. 언어학자를 위한 양적 방법론에 관해서는 슐로빈스키(Schlobinski 1996)가 개론적으로 설명을 하고 있다.

다. 여기에다 가능한 한 자료를 바탕으로 연구를 진행하고 증거를 확보하며 이해하기 위해 필요한 문맥을 충분하게 제공하는 것이 가능하다. 또 다른 중요한 표현의 기준은 학문적 진술의 **논증**과 **설명력**이다. 전사자료는 단순히 증거를 제시하기 위한 것이 아니라, 문서화된 대화행위가 주장하고자 하는 명제적 의미에서 이해될 수 있도록 하는 해석의 가설과 단계를 설명하고 근거를 제시하는 것이다. 가능하다고 여겨지는 반론과 대안적 명제도 경우에 따라서 논의되어야 한다. 다른 해석들에 대해서 하나의 해석이 가지는 우월성의 기준으로는 자료를 통한 증거의 확보, (논리적, 개념적 등의) 예리함, 해석에 의해서 파악된 현상의 효력범위, 그리고 해석을 위한 전제의 절약성 등이 있다.

개별 사례에 대한 설명이 대화분석의 목적인 경우는 드물다. 이는 개별 사례를 초월하는 체계적인 유형학과 대화에 관한 보다 추상적이고 일반적인 진술에 도달하고자 하는 출발점에 불과하다. 여기서 보여주어야 할 것은 각각 다른 사건들이 같은 방식으로 조직되어 있고 어떤 원칙과 조건에 따라서 변형이 생겨나는 가에 관한 것이다. 이를 위해서 비교가 되는 중요한 사례들 또는 통계적 고유치를 가능한 폭 넓게 제시해야 한다. 그러나 보다 일반적인 진술의 기조에는 자료와 경험 그리고 논거의 일부만이 제시된다는 사실을 당연히 숙지하고 있어야 한다.4) 개별 사례에 관한 설명과는 반대로 일반적 대화의 구조와 대화의 유형학에 관한 주장은 보고에 제시된 사례들 때문에 어쩔 수 없이 명확하지 못하다. 그러한 추상적인 진술은 **원칙적으로 나중에 해야 한다**. 즉 그것들은 제시된 자료를 통해서 최소한 동기 부여가 되어있거나 아니면 그것과 일치해야 한다. 다른 한편으로 이론의 질은 이론의 **개념적 밀도**, 즉 논리적 일관성, 네트워크의 정도, 진술의 구조적 투명성과 체계성 및 섬세함에 의

---

4) 대화의 거시 진행적 전개를 연구(6.1과 6.2, VII)할 때도 보통 한 사례의 전체적인 전사 자료를 제시하는 것은 불가능하다. 일반적으로 모든 표현은 상세성의 제한에 적용을 받는다. 그렇기 때문에 어떤 검증의 가능성이 독자에게 있는가에 관한 문제는 언제나 매우 의식적으로 해야 하고, 경우에 따라서 텍스트 내에서도 근거를 제시해야 하는 선택의 문제이다.

해서 결정된다.

Ⅲ. 보편화의 가능성에 관한 질문

'보편화의 가능성'이란 연구에서 획득한 진술이 어떤 다른 영역에 적용되는가에 관한 문제이다. 어떤 화자 집단이나 상황 그리고 문화 등에 그 진술이 전용되거나 일반화될 수 있는가? 이에 대한 질문은 유감스럽게도 해석적 연구에서와 미찬가지로 대화분석에서도 거의 주의를 받지 못하였다. 물론 자신이 속한 문화의 여러 현상들이 너무 일상적이고 친밀하여서 그러한 **존재**들의 보편화는 달리 증명될 필요가 없다.5) 구성적이라고 알려져 있는 요소들에 대한 진술과 관련성 그리고 원형 및 상호작용의 과제 등에 대한 진술의 보편화에 대한 광범위한 요구가 대화의 구조를 기술하는 범주의 선택을 통해서 적어도 간접적으로 이루어진다. 진술의 **추상적 차원**은 규칙과 문제제기 등이 적용되는 사례들의 유형을 함축하고 있다. 그리고 그 외에도 그 안에 말로 표현되지 않은 **설명의 가설**이 들어 있기도 하다.

> 예를 들어서 "대화에서" '동의를 위한 선호'가 있다고 주장할 수 있다면(Sacks 1987), 이는 모든 문화와 상황 등에서 수행되는 모든 대화에 적용된다는 사실도 동시에 암시하는 것이다. 그러나 그것이 다툼대화에는 해당되지 않는다는 것은 명확하다. 이 대화에서는 반박이 선호되고 동의는 회피된다(Kotthoff 1993).

진술이 다른 상황에 전용되기 위해서 어떤 **부차적인 조건들**이 충족되어야 하는지에 관한 질문이 제기된다. 또 실제로 대화 실행방법의 구성적 특성이 인지되었는지, 아니면 반대로 사례의 관련성에서 특히 눈에 뜨이는 것들이 일반적으로 필요하지도 않고 충분하지도 않은지에 관한 질문도 제

---

5) 이는 하위 문화적 의사소통 형식에 대해서 보고서를 쓰거나 외국의 잡지에 투고하는 글을 쓸 때 달라질 수 있다.

기된다. 그러한 보편화의 설명을 위해서 다음과 같은 전략들이 있다.

- 잠재적으로 중요하게 여겨지는 가능한 많은 조건과 변형의 변수에 따른 체계적인 **사례 비교**
- 분포도와 양적 중요성의 테스트
- 자체 근거를 가지고 있거나 중요하고 검증되어야 하는 조건들을 가리키는 **기존 연구결과**의 탐색
- **대화상황, 대화참여자**(예: 나이, 성), **연구 자료의 범위**(기간, 대화의 수, 한 현상의 출현) 등의 자질 제시
- **이론적** 그리고 (구성) **논리적 증명들**

마지막으로 언급한 증명방법의 효율성이 과대평가 되는 경우가 많이 있다. '논리적 사고'를 바탕으로 하기 때문에 보편적으로 보이는 구조들이 문화, 역사 등과 같은 상황에 의존되어 있다는 사실이 증명된 경우가 많이 있었다. 그럼에도 불구하고 일반화의 가능성을 이용한 **예측적 해석**도 또한 가치가 있는 일이고 훌륭한 성과를 가져온다. 이 경우 다음의 조건을 충족해야 한다.

- 예측적 해석이 범주를 가지고 있고 연구한 연구 과제를 넘어서는 설명의 가능성을 동반해야 한다.
- 경험적 근거가 있는 제안과 이론적 토론을 위한 기여가 있어야 한다.
- 새로운 현상과 문제제기에 대해서 주의를 기울여야 한다.

많은 근본적인 연구성과(대화분석에서 뿐만 아니라)의 기원은 창조적인 개별 연구에 있다. 그러나 한 연구가 얼마나 미래지향적인 가는 여러 관점에서 그 자체적으로 결정할 것이 아니다. 그것이 다른 후속 연구를 촉발하든지, 수용자의 이해를 위해서 이용되든지, 아니면 후속 연구나 실제적 응용에서 가치가 판명되는지 하는 모든 문제는 그것의 **수용사**(受容史)에 달려있다.

→ 연구의 질적 판단을 위한 질문들

- 연구 자료는 생태학적으로 유효한가? 연구 과제를 해결하는 데 적절한가?
- 문제제기, 이론, 방법론, 자료 그리고 진술들이 일관된 관련성을 갖는가? 독자가 충분하게 자료수집의 상황과 연구 자료 그리고 중요한 문맥의 자료 등에 대한 정보를 가질 수 있는가?
- 개별사례에 관련된 진술과 일반적 진술이 충분하게 대화 자료에 의거하는가? 중요한 반론을 고려하고 있고, 그리고 저자의 진술이 대안적 가설에 대해서 우월한가?
- 진술들이 상세한 연속체 분석에 근거하는가?
- 해석들이 충분히 설명되고 근거제시가 되었는가?
- 저자가 일반적이고 개별 사례를 초월하는 진술을 확보했는가? 어떤 일반화의 요구를 하고 있는가? 그가 진술의 타당성을 어떻게 증명하고 있는가?
- 진술들이 논리적으로 서로 엄격하고 밀도 있게 연결되어 있는가?
- 연구가 기존의 연구결과와 합치하는가? 어느 정도로 연구가 기존의 연구성과를 확장하거나 수정하는가?

Allen, J.F.(1995) Natural language understanding. 2nd ed. Redwood City, Ca.

Altheide, D.J. / Johnson, J.M.(1994) Criteria for assessing interpretive validity in qualitative research. In: Denzin, N.K. / Lincoln, Y.(Hg.) Handbook of qualitative research. London, 485~499.

Atkinson, J.M.(1984) Our masters' voices. London.

Atkinson, J.M. / Drew, P.(1979) Order in court. London.

Auer, P.(1992) Introduction: John Gumperz' approach to contextualization. In : Auer, P. / Di Luzio, A. (Hg.) The contextualization of language. Amsterdam, 1~37.

Auer, P.(1995) Ethnographic methods in the analysis of oral communication. Some suggestions for linguists. In : Quasthoff, U.M. (Hg.) Aspects of oral communication. Berlin, 419~440.

Auer, P. / Couper-Kuhlen, E.(1994) Rhythmus und Tempo konversationeller Alltagssprache. Zeitschrift für Literaturwissenschaft und Linguistik 96, 78~106.

Auer, P. / Selting, M.(i.Dr.) Der Beitrag der Prosodie zur Gesprächsorganisation. In : Antos, G. / Brinker, K. / Heinemann, W. / Sager F.(Hg.) Text und Gesprächs-linguistik. 2.Halbband. Berlin.

Beaugrande, R.-A. de / Dresslcr, W.U.(1981) Einführung in die Textlinguistik. Tübingen.

Becker-Mrotzek, M. / Meier, C.(1999) Arbeitsweisen und Standardverfahren der Angewandten Diskursforschung. In : Brünner, G. / Fiehler, R. / Kindt, W.(Hg.) Angewandte Diskursforschung. Band 1. Opladen.

Bergmann, J.R.(1981) Ethnomethodologische Konversationsanalyse. In : Schröder, P. / Steger, H.(Hg.) Dialog-forschung. Düsseldorf, 9~52.

Bergmann, J.R.(1985) Flüchtigkeit und methodische Fixierung sozialer Wirklichkeit. In : Bon , W. / Hartmann, H.(Hg.) Entzauberte Wissenschaft. Göttingen, 299~320.

Bergmann, J.R.(1987) Klatsch. Zur Sozialform der diskreten Indiskretion. Berlin.

Bergmann, J.R.(1988a-c) Ethnomethodologie und Konversationsanalyse. 3 Bde. Hagen.

Bergmann, J.R.(1994) Ethnomethodologische Konversationssanalyse. In : Fritz, G. / Hundsnurscher, F.(Hg.)Handbuch der Dialoganalyse. Tübingen, 3~16.

Bergmann, J.R. / Luckmann, T.(1995) reconstructive

genres of everyday communication. In : Quasthoff, U.M.(Hg.) Aspects of oral communication. Berlin : 289~304

Bilmes, J.(1985) Why that now? Two kinds of conversational meaning. In: Discourse processes 8, 319~355.

Briggs, C.L.(1986) Learning how to ask. Cambridge.

Bublitz, W.(1988) Supportive fellow speakers and cooperative conversations. Amsterdam.

Bussmann, H.(1990) Lexikon der Sprachwissenschaft. Stuttgart.

Christmann, G.B. / Günthner(1996) Sprache und Affekt. Die Inszenierung von Entrüstungen im Gespräch. In : Deutsche Sprache 24, 1~33.

Cicourel, A.V.(1992) The interpenetration of communicative contexts. Examples from medical encounters. In : Duranti, A. / Goodwin, C.(Hg.) Rethinking context. Cambridge, 291~310.

Clark, H.H.(1992) Arenas of language use. Chicago.

Clark, H.H.(1996) Using language. Cambridge.

Cook, G.(1990) Transcribing infinity. In: Journal of pragmatics 14 (1), 1~25.

Coulter, J.(1989) Mind in action. Cambridge.

Couper-Kuhlen, E. / Selting, M. (Hg.)(1996) Prosody in conversation. Cambridge.

Denzin, N.K. / Lincoln, Y. (Hg.)(1994) Handbook of qualitative research. London.

Deppermann, A.(1997a) Glaubwürdigkeit im Konflikt. Frankfurt am Main.

Deppermann, A.(1997b) Gesprächsanalyse als explikative Konstruktion - ein Plädoyer für eine reflexive

Ethnomethodologie. Frankfurt am Main.

Deppermann, A.(i.Dr.) Semantic shifts in argumentative processes : A step beyond the 'fallacy of equivocation'. In : Argumentation.

Deppermann, A. / Spranz-Fogasy, T.(1998) Kommunikationsstörungen *durch* den Gesprächsproze. In : Fiehler, R.(Hg.) Verständigungsprobleme und gestörte Kommunikation. Opladen, 44 -62.

Deppermann, A. / Spranz-Fogasy, T.(i.Dr.) Aspekte und Merkmale der Gesprächssituation. In : Antos, G. / Brinker, K. / Heinemann, W. / Sager F.(Hg.) Text und Gesprächslinguistik. 2.Halbband. Berlin.

Drew, P. / Heritage, J.(Hg.)(1992) Talk at work. Cambridge.

Drew, P. / Sorjonen, M.-L.(1997) Institutional dialogue. In : Dijk, T.A. van(Hg.) Discourse as social interaction. London, 92~118.

Duranti, A.(1994) From grammar to politics. Berkeley, CA.

Duranti, A.(1997) Linguistic anthropology. Cambridge.

Dürr, M. / Schlobinski, P.(1994) Einführung in die deskriptive Linguistik. Opladen.

Eberle, T.(1997) Ethnomethodologische Konversationsanalyse. In : Hitzler, R. / Honer, A.(Hg.) Sozialwissenschaftliche Hermeneutik. Opladen, 245~279.

Edwards, J.A. / Lampert, M.D. (Hg.)(1994) Talking data. Hillsdale, NJ.

Ehlich, K.(1986) Interjektionen. Tübingen.

Ehlich, Kontext. / Rehbein, Kontext.(1986) Muster und Institution. Tübingen.

Erickson, F. / Shultz, J. (1982) The counselor as gatekeeper.

New York.

Fiehler, R.(1980) Kommunikation und Kooperation. Berlin.

Fiehler, R.(1994) Analyse- und Beschreibungskategorien für geschriebene und gesprochene Sprache. Alles eins? In : Cmejrkov , S. / Danes, F. / Havlov , E.(Hg.) Speaking vs. writing. Tübingen, 175~180.

Flick, U.(1991) Stationen des qualitativen Forschungsprozesses. In: Flick, U. et al. (Hg.) Handbuch Qualitative Sozialforschung. München, 148~175.

Flick, U.(1995) Qualitative Forschung. Reinbek bei Hamburg.

Foppa, K.(1990) Topic progression and intention. In : Markov, I. / Foppa, K.(Hg.) The dynamics of dialogue. New York, 178~200.

Garfinkel, H.(1967) Studies in Ethnomethodology. Englewood Cliffs, NJ.

Garfinkel, H. / Sacks, H.(1976) Formale Strukturen praktischer Handlungen. In: Weingarten, E. / Sack, F. / Schenkein, J.(Hg.) Ethnomethodologie. Frankfurt am Main, 130~176.

Geertz, C.(1983) Dichte Beschreibung. Frankfurt am Main.

Giles, H. / Coupland, N.(1991) Language: contexts and consequences. Buckingham.

Glück, H. (Hg.)(1993) Metzler Lexikon Sprache. Stuttgart.

Goffman, E.(1977) Rahmen-Analyse. Frankfurt am Main.

Goodwin, C.(1981) Conversational organization. New York.

Goodwin, C. / Goodwin, M.H.(1992) Context, activity and participation. In : Auer, P. / Di Luzio, A.(Hg.) The contextualization of language. Amsterdam, 77~99.

Goodwin, C.(1993) Recording human interaction in natural

settings. In: Pragmatics 3, 2, 181~209.

Goodwin, M.H.(1990) He-Said-She-Said. Bloomington.

Greatbatch, D.(1988) A turn-taking system for British news interviews. In : Language in Society 17, 3, 401~430.

Gumperz, J.J. (1982) Discourse strategies. Cambridge.

Gumperz, J.J. (1992) Contextualization revisited. In : Auer, P. / Di Luzio, A.(Hg.) The contextualization of language. Amsterdam, 39~53.

Günthner, S.(1996) The prosodic contextualization of moral work : an analysis of reproaches in 'why'-formats. In : Couper-Kuhlen, E. / Selting, M.(Hg.) Prosody in conversation. Cambridge, 271~302.

Halkowski, T. (1990) "Role" as an interactional device. In: Social problems 37, 4, 564~577.

Halliday, M.A.K. / Hasan, R.(1976) Cohesion in English. London.

Hammersley, M.(1992) What's wrong with ethnography? London.

Hammersley, M. / Atkinson, P.(1983) Ethnography : Principles in practice. London.

Hartung, M.(1998) Ironie in der Alltagssprache. Opladen.

Hausendorf, H.(1992) Gespräch als System. Opladen.

Hausendorf, H.(1997) Konstruktivistische Rekonstruktion. Theoretische und empirische Implikationen aus konversationsanalytischer Sicht. In : Sutter, T.(Hg.) Beobachtung verstehen, Verstehen beobachten. Opladen, 254~272.

Hausendorf, H.(i.Dr.) Gesprächsanalyse im deutschspra-chigen Raum. In : Antos, G. / Brinker, K. /

Heinemann, W. / Sager F. (Hg.) Text und Gesprächslinguistik. 2. Halbband. Berlin.

Hausendorf, H. / Quasthoff, U.M.(1996) Sprachentwicklung und Interaktion. Opladen.

Have, P. ten(1998) Doing conversation analysis. London.

Haviland, J.B.(1996) Projections, transpositions, and relativity. In : Gumperz, J.J. / Levinson, C.(Hg.) Rethinking linguistic relativity. Cambridge, 271~323.

Heath, C.(1997) The analysis of activities in face to face interaction using video. In: Silverman, D.(Hg.) Qualitative research. London, 183~200.

Heritage, J.(1984a) Garfinkel and ethnomethodology. Cambridge.

Heritage, J.(1984b) A change-of-state token and aspects of its sequential placement. In : Atkinson, J.M. / Heritage, J.(Hg.) Structures of social action. Cambridge, 299~345.

Heritage, J.(1988) Explanations as accounts : a conversation analytic perspective. In: Antaki, C.(Hg.) Analyzing everyday explanation. London, 127~144.

Heritage, J.(1990/91) Intention, meaning and strategy. In : Research on language and social interaction 24, 311~332.

Heritage, J.(1995) Conversation analysis : Methodological aspects. In : Quasthoff, U.M.(Hg.) Aspects of oral communication. Berlin, 391~418.

Heritage, J.(1997) Conversational analysis and institutional talk : Analysing data. In : Silverman, David (Hg.) Qualitative research. Theory, method and practice. London, 161~182.

Heritage, J. / Roth, A.L.(1995) Grammar and institution : questions and questioning in broadcast media. Research on Language and Social Interaction 28, 1, 1~60.

Heritage, J. / Watson, D.R.(1979) Formulations as conversational objects. In: Psathas, G.(Hg.) Everyday language. New York, 123~162.

Hinnenkamp, V. / Selting, M.(Hg.)(1989) Stil und Stilisierung. Tübingen.

Hitzler, R. / Honer, A.(Hg.)(1997) Sozialwissenschaftliche Hermeneutik. Opladen.

Holly, W.(1979) Imagearbeit in Gesprächen. Tübingen.

Holly, W.(1992) Holistische Dialoganalyse. Anmerkungen zur Methode pragmatischer Textanalyse. In : Stati, S. / Weigand, E.(Hg.) Methodologie der Dialoganalyse. Tübingen, 15~40

Husserl, E.(1922) Ideen zu einer reinen Phänomenologie und phänomenologischen Philosophie. Tübingen.

Hutchby, I. / Wooffitt, R.(1998) Conversation analysis. Oxford.

Hymes, D.(1972) Models of the interaction of language and social life. In : Gumperz, J.J. / Hymes, D.(Hg.) Directions in sociolinguistics. New York, 35-71.

Jacobs, S. / Jackson, S.(1989) Building a model of conversational argument. In : Dervin, B. / Grossberg, L. / O'Keefe, B.J. / Wartella, E.(Hg.) Rethinking communication. Vol.2 : Exemplars. London, 153~171.

Jefferson, G.(1982) Side sequences. In : Sudnow, D.(Hg.)
    Studies in social interaction. New York, 294~338.
Jefferson, G.(1985) An exercise in the transcription and
    analysis of laughter. In : Dijk, T.A. van(Hg.)
    Handbook of Discourse Analysis. Vol.3. London,
    25~34.
Johansson, S. / Stenstroem, A.-B.(Hg.)(1991) English
    computer corpora. Berlin.
Kallmeyer, W.(1977) Verständigungsprobleme in Alltags-
    gesprächen. In : Der Deutschunterricht 29, 6, 52~69.
Kallmeyer, W.(1978) Fokuswechsel und Fokussierungen als
    Aktivitäten der Gesprächskonstitution. In : Meyer-
    Herrmann, R.(Hg.) Sprechen - Handeln - Interaktion.
    Tübingen, 179~250.
Kallmeyer, W.(1981) Aushandlung und Bedeutungskonsttution.
    In : Schröder, P. / Steger, H.(Hg.) Dialogforschung.
    Düsseldorf, 89~127.
Kallmeyer, W.(1985) Handlungskonstitution im Gespräch.
    In : Gülich, E. / Kotschi, T.(Hg.) Grammatik,
    Konversation, Interaktion. Tübingen, 81~123.
Kallmeyer, W.(1988) Konversationsanalytische Beschreibung.
    In : Ammon, U. / Dittmar, N. / Mattheier, K.-J.
    (Hg.) Soziolinguistik. 2. Halbband. Berlin, 1095~1108.
Kallmeyer, W.(1995a) Ethnographie städtischen Lebens. In
    : Ders.(Hg.) Ethnographien von Mannheimer
    Stadttteilen. Berlin, 1~41.
Kallmeyer, W.(1995b) Zur Darstellung von kommunikativem
    sozialem Stil in soziolinguistischen Gruppenporträts.
    In : Keim, I.(Hg.) Kommunikative Stilistik einer

sozialen Welt 'kleiner' Leute. Berlin, 1~25.

Kallmeyer, W. (Hg.)(1996) Gesprächsrhetorik. Tübingen.

Kallmeyer, W. / Schütze, F.(1976) Konversationsanalyse. In : Studium Linguistik 1, 1~28.

Kallmeyer, W. / Schütze, F.(1977) Zur Konstitution von Kommunikationsschemata der Sachverhaltsdarstellung. In : Wegner, D.(Hg.) Gesprächsanalysen. Hamburg, 159~274.

Kallmeyer, W. / Schmitt, R.(1996) Forcieren oder : die verschärfte Gangart. In : Kallmeyer, W.(Hg.) Gesprächsrhetorik. Tübingen, 19~118.

Keim, I.(1995) Kommunikative Stilistik einer sozialen Welt 'kleiner Leute' in der Mannheimer Innenstadt. Berlin.

Kelle, U. / Kluge, S.(1999) Vom Einzelfall zum Typus. Opladen.

Klein, W.(1993) Transkriptionskonventionen des Instituts für deutsche Sprache. Mannheim

Klemm, M.(1998) Von Aufmerksam-Machen bis Zurecht-weisen : zum kommunikativen Repertoire von Fernsehzuschauern. In: Brock, A. / Hartung, M. (Hg.) Neuere Entwicklungen in der Gesprächsfor-schung. Tübingen, 191~211.

Knoblauch, H.A. / Günthner, S.(1997) Gattungsanalyse. In Hitzler, R. / Honer, A. (Hg.) Sozialwissen-schaftliche Hermeneutik. Opladen, 281~307.

Koole, T.(1997) The role of ethnography in the analysis of institutional discourse. In : Lentz, L. / Pander Maat, H.(Hg.) Discourse analysis and evaluation: functional approaches. Amsterdam, 59~86.

Kotthoff, H.(1993) Disagreement and concession in disputes :
On the context sensitivity of preference structures.
In : Language in society 22, 193~216.

Kvale, S.(Hg.)(1989) Issues of validity in qualitative research.
Lund.

Labov, W. / Fanshel, D.(1977) Therapeutic discourse. New
York.

Labov, W.(1980a) Einige Prinzipien linguistischer Methodologie.
In : Ders. Sprache im sozialen Kontext. Königstein/
Ts, 1~24.

Labov, W.(1980b) Regeln für rituelle Beschimpfungen. In :
Ders. Sprache im sozialen Kontext. Königstein/T,
251~286.

Levinson, C.(1990) Pragmatik. Tübingen.

Lewandowski, T.(1990) Linguistisches Wörterbuch. 3 Bde.
Wiesbaden.

Linke, A. / Nussbaumer, M. / Portmann, P.R.(1996) Studien-
buch Linguistik. Tübingen.

Luhmann, N.(1997) Die Gesellschaft der Gesellschaft. 2
Bde. Frankfurt am Main.

Lüders, C.(1995) Von der teilnehmenden Beobachtung zur
ethnographischen Beschreibung. In : König, E. /
Zeidler, P. (Hg.) Bilanz qualitativer Forschung.
Bd. 2. Weinheim, 311~342.

Lyons, J.(1980) Semantik. Bd.1. München.

Malone, M.J.(1997) Worlds of talk. The presentation of self
in everyday conversation. Cambridge.

Mann, W.C. / Thompson, A.(1988) Rhetorical structure
theory. In: Text 8 (3), 243~281.

Mason, J.(1996) Qualitative researching. London.

Maturana, H.R.(1982) Autopoietische Systeme. In : Ders. Erkennen. Braunschweig, 170~235.

Meier, C.(1998) Telekooperation. Zur Untersuchung von Arbeitsund Interaktionsprozessen anhand von Video-aufzeichnungen. In: Arbeit 3, 257~275.

Meise, K.(1996) Une forte absence. Schweigen in alltags-weltlicher und literarischer Kommunikation. Tübingen.

Middelton, D. / Engeström, Y. (Hg.)(1997) Cognition and communiction at work. Cambridge.

Miles, M.B. / Huberman, A.M.(1994) Qualitative data analysis. London.

Milroy, L.(1987) Observing and analysing natural language. Oxford.

Neumann-Braun, K. / Deppermann, A.(1998) Ethnographie der Kommunikationskulturen Jugendlicher. In: Zeitschrift für Soziologie 27, 4, 239~255.

Nofsinger, R.E.(1991) Everyday conversation. Newbury Park.

Nothdurft, W.(1984) äh folgendes problem äh Die interak-tive Ausarbeitung des Problems in Beratungsge-sprächen. Tübingen.

Nothdurft, W. / Spranz-Fogasy, T.(1991) Gesprächsanalyse von Schlichtungs-Interaktion. In : Flader, D.(Hg.) Verbale Interaktion. Stuttgart, 222~240.

Nothdurft, W.(1998) Wortgefecht und Sprachverwirrung. Gesprächsanalyse der Konflitksicht von Streitparteien. Opladen.

Ochs, E.(1979) Transcription as theory. In : Ochs, E. / Schieffelin, B.B.(Hg.) Developmental pragmatic New

York, 43~72.

Ochs, E. / Schegloff, E.A. / Thompson, S.(1996)(Hg.) Interaction and grammar. Cambridge.

Oevermann, U.(1983) Zur Sache. Die Bedeutung von Adornos methodologischem Selbstverständnis. In: Friedeberg, L. von / Habermas, J.(Hg.) Adorno-Konferenz 1983. Frankfurt am Main, 234~292.

Oevermann, U. / Allert, T. / Konau, E. / Krambeck, J. (1979) Die Methodologie einer 'objektiven Hermeneutik' und ihre allgemeine forschungslogische Bedeutung in den Sozialwissenschaften. In : Söffner, H.-G.(Hg.) Interpretative Verfahren in den Sozial- und Textwissenschaften. Stuttgart, 352~433.

Peräkylä, A.(1997) Reliability and validity in research based on transcripts. In : Silverman, D.(Hg.) Qualitative research. London, 201~220.

Plett, H.F. (Hg.)(1991) Intertextuality. Berlin.

Polenz, P. von(1988) Deutsche Satzsemantik. Berlin.

Pomerantz, A.(1984) Agreeing and disagreeing with assessments in conversation. In: Atkinson, J.M. / Heritage, J. (Hg.) Structures of social action. Cambridge, 57~101.

Potter, J. / Edwards, D. / Wetherell, M.(1993) A model of discourse in action. In: American behavioral scientist 36 (3), 383~401.

Potter, J. / Wetherell, M.(1987) Discourse and social psychology. London.

Potter, J. / Wetherell, M.(1994) Analyzing discourse. In : Bryman, A. / Burgess, R.G.(Hg.) Analyzing qualitative data. London, 47~66.

Potter, J.(1996) Representating reality. London.

Psathas, G.(1995) Conversation analysis. London.

Rehbein, J.(1977) Komplexes Handeln. Stuttgart.

Reichertz, J. / Schröer, N.(1994) Erheben, Auswerten, Darstellen. In : Schröer, N.(Hg.) Interpretative Sozialforschung. Opladen, 56~84.

Reichertz, J. / Söffner, H.-G.(1994) Von Texten und überzeugungen. In: Schröer, N.(Hg.) Interpretative Sozialforschung. Opladen, 310~327.

Ryle, G.(1969) Der Begriff des Geistes. Stuttgart.

Sacks, H.(1972) On the analyzability of stories by children. In : Gumperz, J.J. / Hymes, D.(Hg.) Directions in Sociolinguistics. New York, 325~345.

Sacks, H.(1984) Notes on methodology. In: Atkinson, J.M. / Heritage, J.(Hg.) Structures of social action. Cambridge, 21~27.

Sacks, H.(1987) On the preferences for agreement and contiguity in sequences in conversation. In : Button, G. / Lee, J.R.(Hg.) Talk and social organisation. Philadelphia, 54~69.

Sacks, H. / Schegloff, E.A. / Jefferson, G.(1974) A simplest systematics for the organisation of turn-taking in conversation. In: Language 50 (4), 696~735.

Saville-Troike, M.(1989) The ethnography of communication. Oxford.

Schegloff, E. / Sacks, H.(1973) Opening up Closings. In: Semiotica 8, 289~327.

Schegloff, E.A.(1968) Sequencing in conversational opening.

In : American Anthropologist 70, 1075~1095.

Schegloff, E.A.(1972) Notes on conversational practice: Formulating place. In: Sudnow, D.(Hg.) Studies in social interaction. New York, 75~119.

Schegloff, E.A. (1980) Preliminaries to preliminaries-Can I ask you a question? In: Sociological Inquiry 50, 1021~1052.

Schegloff, E.A.(1982) Discourse as an interactional achievement - Some uses of 'uh huh' and other things that come between sentences. In : Tannen, D. (Hg.) Analyzing discourse: Text and talk. Washington, D.C., 71~93.

Schegloff, E.A.(1984) On some questions and ambiguities in conversation. In : Atkinson, J.M. / Heritage, J. (Hg.) Structures of social action. Studies in conversation analysis. Cambridge, 28~50.

Schegloff, E.A.(1991) Reflections on talk and social structure. In: Boden, D. / Zimmermann, D.H.(Hg.) Talk and social structure. Berkeley, CA, 44~70.

Schegloff, E.A.(1992a) Repair after next turn. In: American journal of sociology 97 (5), 1295~1345.

Schegloff, E.A.(1992b) In another context. In : Duranti, A. / Goodwin, C.(Hg.) Rethinking context. Cambridge, 191~228.

Schegloff, E.A.(1993) Reflections on quantification in the study of conversation. In : Research on language and social interaction 26 (1), 99~128.

Schegloff, E.A.(1996) Turn organization: one intersection of grammar and interaction. In: Ochs, E. / Schegloff,

E.A. / Thompson, S.(Hg.) Interaction and grammar. Cambridge, 52~133.

Schegloff, E.A.(1997) Whose text? Whose context? In : Discourse & Society 8, 2, 165~187.

Schegloff, E.A. / Jefferson, G. / Sacks, H.(1977) The preference for self-correction in the organization of repair in conversation. In: Language 53, 361~382.

Schenkein, J.(1978) Sketch of an analytic mentality for the study of conversational interaction. In : Der(Hg.) Studies in the organization of conversational interaction. New York, 1~6.

Schiffrin, D.(1987) Discourse markers. Cambridge.

Schiffrin, D.(1994) Approaches to discourse. Oxford.

Schlobinski, P.(1996) Empirische Sprachwissenschaft. Opladen.

Schlobinski, P.(Hg.)(1997) Syntax des gesprochenen Deutsch. Opladen.

Schlobinski, P. / Kohl, G. / Ludewigt, I.(1993) Jugendsprache. Opladen.

Schmitt, R.(1992) Die Schwellensteher. Tübingen.

Schneider, W.L.(1994) Die Beobachtung von Kommunikation. Opladen.

Schneider, W.L.(1997) Die Analyse von Struktursicherungsoperationen als Kooperationsfeld von Konversationsanalyse, objektiver Hermeneutik und Systemtheorie. In : Sutter, T.(Hg.) Beobachtung verstehen, Verstehen beobachten. Opladen, 164~227.

Schütze, F.(1987) Das narrative Interview in Interaktionsfeldstudien I. Hagen.

Schwartz, H.(1976) Allgemeine Merkmale. In : Weingarten,

E. / Sack, F. / Schenkein, J. (Hg.) Ethnometho-
dologie. Frankfurt am Main, 327~367.

Schwitalla, J.(1995) Kommunikative Stilistik zweier sozialer
Welten. Berlin.

Schwitalla, J.(1997) Gesprochenes Deutsch. Berlin.

Selting, M.(1995) Prosodie im Gespräch. Tübingen.

Selting, M.(1996) On the interplay of syntax and prosody
in the constitution of turn-constructional units and
turns in conversation. In: Pragmatics 6,3, 357~388.

Selting, M.(i.Dr.) Probleme der Transkription verbalen und
paraverbalen/prosodischen Verhaltens. In : Antos, G.
/ Brinker, K. / Heinemann, W. / Sager F.(Hg.) Text
und Gesprächslinguistik. 2. Halbband. Berlin.

Selting, M. / Auer, P. / Barden, B. / Bergmann, J. et al.
(1998) Gesprächsanalytisches Transkriptionssystem
(GAT). In : Linguistische Berichte 173, 91~122.

Silverman, D.(1993) Interpreting qualitative data. London.

Silverman, D. / Gubrium, J.F.(1994) Competing strategies
for analyzing the contexts of social interaction. In:
Sociological Inquiry 62, 2, 179~198.

Sinclair, J./Coulthard, R.M.(1975) Towards an analysis of
discourse. London.

Spranz-Fogasy, T. / Fleischmann, T.(1993) Types of
dispute courses in family interaction. In : Argumenta-
tion 7, 221~235.

Spranz-Fogasy, T.(1997) Interaktionsprofile. Opladen.

Spranz-Fogasy, T. / Deppermann, A.(i.Dr.) Teilnehmende
Beobachtung in der Gesprächsanalyse. In : Antos, G.
/ Brinker, K. / Heinemann, W. / Sager F.(Hg.) Text

und Gesprächslinguistik. 2. Halbband. Berlin.

Stegmüller, W.(1983) Probleme und Resultate der Wissen-
schaftstheorie und analytischen Philosophie. Bd. 1 :
Erklärung, Begründung, Kausalität. Berlin.

Strauss, A.(1991) Grundlagen qualitativer Sozial forschung.
München.

Strauss, A. / Corbin, J.(1996) Grounded Theory. Weinheim.

Svartvik, J. / Quirk, R.(1980) A corpus of english
conversation. Lund.

Texte gesprochener deutscher Standardsprache I-IV.(1971ff.)
4 Bde. München

Vater, H.(1994) Einführung in die Textlinguistik. München.

Wagener, P. / Bausch, K.-H. (Hg.)(1997) Tonaufnahmen
des gesprochenen Deutsch. Tübingen.

Whalen, J.(1995) A technology of order production :
Computer-aided dispatch in public safety communica-
tions. In : Have, P. ten / Psathas, G.(Hg.) Situated
order. Washington DC : International Institute for
Ethnomethodology, 187~230.

Wootton, A.J.(1989) Remarks on the methodology of
conversation analysis. In : Bull, D. / Roger, D.(Hg.)
Conversation. Clevendon, 238~258.

Zimmerman, D.H. / Pollner, M.(1976) Die Alltagswelt als
Phänomen. In : Weingarten, E. / Sack, F. / Schenkein,
J.(Hg.) Ethnomethodologie. Frankfurt am Main, 64~102.

(Selting et al. 1998)

대화분석을 위한 전사 시스템 GAT 별첨
CONVERSATION ANALYSIS

기본전사

연속체 구조/진행구조

[ ]	겹침과 동시발화
[ ]	
=	새로운 대화기여 또는 단위에 더 빠르고 직접적인 연결

휴지

(.)	미세 휴지
(-), (—), (——)	약 0.25 - 0.75 초에서 1 초까지의 짧은, 중간, 긴 휴지
(2.0)	1초 이상 지속되는 휴지

그 외의 분절적 협의들

un=äh	단위들 내에서 Verschleifung
:, ::, :::	수리 늘이기, 길이연장, 길이에 따라서
에에, 마아, 등	주저함 신호, 이른바 "채워진 휴지"
'	성문폐쇄에 의한 단절

웃음

so(h)o	말할 때의 Lachpartikel
하하하 호호호 히히히	음절적 웃음
((웃는다))	웃음의 기술

수용신호

음, 응	일음절 신호
아니, 으응, 그래	이음절 신호
'아'아	성문 폐쇄음으로, 대개 부정적 의미로

강세

강세	주강세
강!세!	매우 강한 강세

단위의 끝에서 소리의 움직임

?	매우 높게 올라감
c	중간 정도로 올라감
–	동일하게 머무름
;	중간 정도로 내려감
.	깊게 내려감

그외의 협의들

((기침을 한다))	언어외적 행위/사건
《《기침을 한다》 》	언어를 동반하는 언어외적 행위/ 사건으로, 세력 범위가 있는 경우
《《놀라다》 》	세력 범위가 있는 경우의 해석적 코 멘트
( )	이해할 수 없는 부분, 길이에 따라서
(그런 것)	추측한 낱말
그(런) 것	추측한 소리 또는 음절
(그런/저런 것)	추측에 의해서, 둘 중의 하나
((...))	전사 자료에서 제외
-〉	텍스트에서 논의한 전사 자료의 줄 표시

미세 전사

강세 높이 움직임의 일직선 내적 표기

`그래	내려감
´그래	올라감
-그래	그대로 있음
´ ` 그래	올라갔다 내려감
ˇ 그래	내려갔다 올라감
↑ `그래 또는 ↓´ 그래	강세 음절의 정상과 바닥으로 눈에 띄게 높거나 낮은 소리높이의 뜀

눈에 띄는 소리의 뜀

↑	위로
↓	아래로

변화된 소리 높이의 기록
⟨⟨낮⟩　⟩　　　　　　　　　　낮은 소리높이의 기록
⟨⟨높⟩　⟩　　　　　　　　　　높은 소리높이의 기록

소리의 강도변화와 말 빠르기의 변화
⟨⟨f⟩　　⟩　　　　　　　　　포르떼, 큰 소리로
⟨⟨ff⟩　　⟩　　　　　　　　　포르디씨모, 매우 큰 소리로
⟨⟨p⟩　　　⟩　　　　　　　　피아노, 약한 소리로
⟨⟨pp⟩　　⟩　　　　　　　　피아니시모, 매우 약한 소리로
⟨⟨all⟩　　⟩　　　　　　　　알레그로, 빠르게
⟨⟨len⟩　　⟩　　　　　　　　렌토, 느리게
⟨⟨cresc⟩　⟩　　　　　　　　크레센도, 점점 큰 소리로
⟨⟨dim⟩　　⟩　　　　　　　　디미누엔도, 점점 약한 소리로
⟨⟨acc⟩　　⟩　　　　　　　　악셀란도, 점점 빠르게
⟨⟨rall⟩　　⟩　　　　　　　　랄렌탄도, 점점 느리게

숨 들여 마시기와 뱉기
흠, 흐흠, 흐으음　　　　　　　숨 들여 마시기, 길이에 따라 다르게
후, 후우, 후우우　　　　　　　숨 내뱉기, 길이에 따라 다르게

찾아보기

■ 용어

ㄱ

가설 18, 19, 29, 31, 43, 101, 123, 124, 125, 130, 135, 137, 138, 139, 140, 144, 148, 153, 154, 155

간주관성 72, 107

간텍스트 96

강세 58, 63, 69, 134

개방성 29

거시 과정 79, 109, 112, 113

거시적 22, 26, 49, 75, 76, 77, 112, 114

거시적 구조 77

경계 표시 110

경험주의 14, 19, 72, 77, 86, 135, 136

과제 16, 19, 23, 25, 27, 28, 29, 36, 39, 71, 74, 83, 102, 109, 110, 115, 116, 117, 118, 128, 137, 140, 142, 145, 156

관찰 26, 28, 34, 36, 38, 42, 44, 112, 119, 122, 128, 144, 146, 152

관찰자의 패러독스 38, 152

교정 24, 36, 58, 68, 75, 103, 106, 111, 127, 140, 144, 145

구성 원리 34

구성성 15, 60, 67

구성원칙 28

구성적 자원 115, 132, 133

구조화 28, 30, 35, 72, 124

국지적 88, 92, 93, 94, 110

국지적 생산 92

국지적 응집성 93

국지적 응집성의 원칙 93

규범적 규칙 99

규칙 14, 26, 35, 48, 53, 58, 68, 78, 85, 88, 90, 91, 102, 106, 124, 144, 147, 156

그림 36, 42, 66

기능 중심적 분석 23

기능의 잠재성 118

ㄴ

녹취 자료 30, 33
녹화 허락 37
녹화의 질 38, 39, 52, 153

ㄷ

단계의 순서 109
담화 심리학 18, 25
담화 표지 110
대상의 구성 30, 35, 124, 137, 138, 140
대화 14, 15, 16, 17, 18, 20, 22, 23, 24, 26, 27, 29, 30, 33, 34, 36, 37, 38, 40, 42, 43, 44, 45, 46, 47, 48, 49, 50, 51, 52, 53, 55, 57, 58, 59, 60, 62, 65, 67, 68, 71, 72, 73, 74, 75, 76, 77, 78, 79, 80
대화 구조 21, 29, 112
대화 단계 51
대화 목록 48
대화 연속체 78, 114, 127
대화 주제 51
대화 진행 과정 목록 49
대화 참여자들 16
대화 환경 37
대화기여 92, 95, 96, 99, 104, 109, 110, 117, 120, 134
대화분석 18, 30, 33, 34, 38, 40, 44, 45, 57, 60, 67, 71, 72, 74, 75, 77, 79, 82, 83, 86, 101, 102, 115, 119, 120, 123, 124, 126, 127, 128, 129, 135, 137, 138, 139, 140, 144, 146, 151, 152, 153, 154, 155, 156, 157
대화의 과정 16, 78
대화의 상황 42
대화의 실행방법 16, 17, 24, 26, 35, 55, 95, 114, 115, 117, 118, 120, 126, 132, 137, 138, 140, 143, 144, 146, 147, 154
대화의 조직 17, 117
대화의 표지 48
독일 표준 구어 텍스트 45
동시 출현 140

ㄹ

런던 코퍼스(London-Corpus) 45

ㅁ

말의 빠르기 63
명시적 표현 110
목록화 52, 138
목소리의 전조 64
무시 후속 99
문맥 18, 22, 25, 27, 39, 54, 72, 80, 90, 91, 93, 95, 96, 97, 98, 118, 126, 128, 129, 137, 140, 141, 143, 147, 153, 155
문맥 갱신 72

문맥 다듬기 72
문맥 지식 18
문맥화 암시 기능 83
문맥화 지시 96
문제 설정 29, 31
문화 15, 26, 27, 35, 94, 126, 147,
  156, 157
미시적 22, 26, 75, 114
민감성 30, 82, 144
민족방법론 73
민족방법론적 무관심 120
민족지학적 18, 20, 23, 25, 26,
  34, 35, 54, 96, 125, 126, 127,
  129, 153
민족지학적 인터뷰 36
민족지학적 지식 6, 125, 126
민족지학적 회화분석론 35

ㅂ

바꿔 쓰기 59, 79, 80, 93
박수 66
반복 규칙 113
반응적 요소 105
발화 6, 8, 15, 16, 30, 34, 38, 41,
  42, 48, 51, 52, 54, 61, 62, 63,
  64, 66, 72, 73, 74, 76, 78, 79,
  80, 82, 83, 84, 85, 86, 88, 89,
  90, 91, 92, 93, 95, 96, 98, 99,
  100, 102, 103, 104, 105, 106,
  107, 111, 117, 118
발화교체 115, 117

발화권 63, 85, 88, 89
발화순서 구성단위 84, 85, 88, 104
방법론 13, 14, 15, 16, 19, 20, 21,
  22, 23, 24, 25, 27, 30, 72, 73,
  74, 77, 78, 101, 104, 115, 117,
  120, 123, 124, 128, 129, 133,
  134, 136, 151, 152
방법론적 이질감 124, 129
방법론적 질문 78
방법성 15
배경 지식 5, 36, 71, 93, 94, 122,
  123, 125, 127, 128, 129
변형의 기술 71, 122
보여주기 15, 73, 74, 75, 102, 105,
  106, 124, 125, 128
보편적 24, 26, 27, 35, 114, 126,
  132, 137, 140, 151, 157
보편화 152, 156, 157
부차 연속체 112
분석 범주 14, 28
분석 자료 38, 39, 45
분석의 유연성 78
분석적 감수성 15
분석적 정신 18, 138
분포제한 85
불변화사 22, 62, 141
비디오 녹화 33, 34, 38, 41, 59,
  65, 71, 75
비선호 후속 99
비언어적 의사소통 38, 65
비언어적 현상의 전사 65

ㅅ

사진 36, 66, 127
사회 통계학적 자료 37
사회언어학 6, 18, 36, 136
사회적 관계 17, 27, 36, 107
사회적 기대 98
삽입 연속체 94, 111
상세 분석 43, 49, 55, 75, 76, 77,
 135
상호작용 15, 17, 18, 22, 25, 26,
 27, 38, 39, 41, 54, 60, 62, 66,
 68, 71, 74, 77, 78, 82, 83, 84,
 85, 90, 91, 94, 95, 100, 101,
 102, 103, 104, 109, 110, 111,
 112, 113, 115, 117, 118, 119,
 120, 121, 125, 126, 129, 130,
 137, 138, 139
상호작용 연속체 78
상호작용성 15, 109
상호작용의 결과 79, 101, 102, 120
상호작용의 과제 25, 117
선입견 29
선지식(先知識) 34, 129, 130
선행 지시 94
선험적 가설 19, 124
선호 조직 110
선호 후속 99
소리 크기 63
순서교대 16
시간성 72, 109
시간적 역동성 33

시선 접촉 66
시작적 요소 105
실용성 67
실제 대화 5, 59
실증주의적 기술 69

ㅇ

양상성 17, 84
억양 63, 64, 65, 82, 96, 125, 131
언어학적 입말연구론 58
역동적 원칙 112
연구 과제 15, 16, 21, 26, 27, 30,
 31, 39, 40, 44, 47, 49, 52, 53,
 54, 55, 57, 68, 70, 75, 76, 78,
 82, 86, 114, 129, 137, 157
연구 목적 36, 40, 47, 61, 81, 124
연구 자료 27, 28, 29, 30, 35, 39,
 40, 44, 78, 127, 138, 152, 157
연속체 5, 25, 26, 71, 76, 77, 78,
 84, 95, 102, 109, 110, 111,
 112, 118, 119, 122, 138, 153
연속체 원형 109, 110, 112
연속체 조직 71
열린 자세 125
영역 24, 25, 26, 27, 44, 63, 66,
 119, 156
예비 연속체 111, 112
운율 48, 62, 63, 64, 70, 82, 114
원형 25, 26, 64, 79, 109, 110,
 111, 113, 139, 147, 156
위치 49, 58, 79, 85, 88, 94, 107,

109, 112, 119, 133
위치변경 표시 94
유형 분류 55, 142
음성 녹음 33, 71, 75
응결성 92, 93
응집성 24, 93, 94, 95
의식(意識)적 표현법 121
이론적 지식 126, 127, 130
이야기 분석 76
이행적 실제성 116
인접쌍 98
일반화 18, 19, 39, 55, 76, 137,
 138, 140, 151, 156, 157
일상지식 126
일탈적 행위 144, 145

ㅈ

자기교정 106
자기선택 88
자료 채집 33, 34, 36, 44
자료의 생태학적 타당성 152
자연성의 원칙 38
자유 번역 62
자체 응집성 95
장면 분석」 37
장치 22, 61
재구성 23, 26, 27, 29, 54, 71,
 73, 74, 76, 77, 90, 91, 96, 102,
 113, 118, 120, 124, 130, 132,
 153
적정 조건 100

전국적 49, 53, 76
전문가 인터뷰 36
전사 19, 30, 41, 44, 46, 47, 49,
 50, 52, 53, 55, 57, 58, 59, 60,
 61, 62, 64, 65, 66, 67, 68, 69,
 70, 71, 75, 77, 78, 89, 125,
 138, 152, 153, 154, 155, 161
전사 자료 46, 59, 63, 66, 68, 80,
 89, 154
전사 체계 60
전제 조건 22, 31, 36, 39, 54, 59,
 61, 91, 95, 129
접근 방식 14, 15, 16, 19, 20, 22,
 27
정밀 전사 65
제 3 위치 105, 106, 107
제도 23, 25, 26, 35, 36, 71, 88,
 116, 126, 127, 128, 140, 144
조건적 관여성 98, 106, 110, 111,
 112, 144
중요성 16, 36, 40, 63, 68, 73,
 74, 82, 132, 148, 152, 153, 157
지식의 이중성 123
질적 18, 20, 117, 142, 151, 154

ㅊ

초점 단위 78, 80
침묵 58, 89

ㅋ · ㅌ

타인선택 88
텍스트언어학 92
텍스트유형 76

ㅍ

평가적 주석 69
표현의 역동성 79, 82, 84, 104
풍자 23, 69, 96, 103

ㅎ

함축적 전제조건 95
해독성 67
해석적 14, 18, 28, 44, 144, 156
해석적 연구 14
행간 번역 62
행위 15, 17, 22, 26, 27, 30, 34,
  38, 39, 40, 43, 52, 54, 65, 72,
  73, 74, 75, 76, 77, 79, 83, 84,
  86, 89, 92, 93, 94, 98, 100,
  102, 109, 112, 114, 115, 117,
  118, 120, 121, 124, 125, 126,
  127, 128, 131, 132, 133, 134,
  139, 142
행위 스키마 77, 110
행위 유형 93, 100
현장 접근 37
현장성 28, 30

형성(形成)적 행위 115
형태 16, 17, 19, 22, 23, 24, 25,
  26, 28, 35, 38, 47, 55, 60, 62,
  64, 69, 71, 72, 85, 86, 93, 96,
  99, 105, 109, 110, 112, 122,
  130, 135, 141, 142, 144, 145
형태 중심적 분석 23
화용론 18, 80, 133
화용성 16
화자교체 24, 84, 86, 88, 117,
  142, 143, 144, 147
화자선택 88
화행 18, 28
화행의 유형학 28
회화분석 13, 14, 15, 16, 18, 19,
  20, 21, 22, 23, 24, 25, 26, 27,
  29, 74, 92, 104, 119, 122
후속 기대 79, 99, 101, 104, 105,
  130, 135
후속요소 85
후위 연속체 111, 112
후행 지시 94
휴지 42, 58, 63, 88, 89

■ 인명

A

Allen 93
Altheide/Johnson 151
Atkinson 66

Atkinson/Drew 144
Auer 18, 35, 83, 96
Auer/Couper-Kuhlen 64, 89

B

Beaugrande/Dressler 92
Becker-Mrotzeck 20
Bergmann 18, 25, 34, 58, 81,
  86, 116, 117, 124
Bilmes 117, 128
Briggs 36
Bublitz 89
Bußmann 82

C

Christmann/Günthner 141
Cicourrel 127
Clark 90, 105, 106, 125
Coulter 121
Couper-Kuhlen/Selting 24

D

Denzin/Lincoln 18, 35
Deppermann 25, 74, 76, 107,
  113, 129, 141, 143, 149
Deppermann/Spranz-Fogasy 91,
  118
Drew/Heritage 25, 144

Drew/Sorjonen 25, 116, 148
Duranti 26, 35, 61, 67, 147
Dürr/Schlobinski 61

E

Eberle 18
Edwards/Lampert 45, 60
Ehlich 58, 60
Ehlich/Rehbein 89
Erickson/Shultz 89

F

Fiehler 58, 89
Flick 18, 28, 35, 125, 151
Foppa 95

G

Gail Jefferson 60
Garfinkel 115, 145
Garfinkel/Sacks 72, 102, 120
Geertz 74
Giles/Coupland 84
Glück 82
Goffman 103
Goodwin 26, 40, 66
Goodwin/Goodwin 89
Greatbatch 144
Gumperz 18, 60, 83, 96, 127

Günthner 21

H · I

Halkowski 132
Halliday/Hasan 92
Hammersley 35
Hammersley/Atkinson 35
Hartung 23, 96
Hausendorf 24, 74, 113
Hausendorf/Quasthoff 115, 142
Haviland 66
Heath 38, 66, 89
Heritage 18, 22, 25, 34, 72, 98,
  100, 103, 116, 121, 136, 138,
  141
Heritage/Roth 24, 95
Heritage/Watson 103
Hinnenkamp/Selting 141
Hitzler/Honer 18
Holly 145
Hutchby/Wooffitt 18, 128, 132
Hymes 25

J

Jacobs/Jackson 112
Jefferson 65, 112
Johansson/Stenström 45

K

Kallmeyer 17, 18, 35, 92, 94, 110,
  118, 141, 147
Kallmeyer/Schmitt 118
Kallmeyer/Schütze 60, 85
Keim 26
Kelle/Kluge 44
Klemm 43
Knoblauch/Günthner 25
Koole 127
Kotthoff 156
Kvale 151

L

Labov 35, 38, 136, 147
Labov/Fenshel 81
Levinson 18, 100
Lewandowski 82
Linke et al 82
Luhmann 113
Lyons 133
Lüders 154

M

Malone 25
Mason 18
Maturana 113
Meier 21, 41, 43

Meise 58
Middelton/Engeström 26
Miles/Hubermann 18, 148
Milroy 35

N

Neumann-Braun/Deppermann
  153
Nofsinger 18
Notdurft/Spranz-Fogasy 77
Nothdurft 112, 143

O 

Ochs et al 24, 60
Oevermann et al 79, 135

P · Q

Peräkylä 151
Plett 96
Pomerantz 145
Potter 25, 132
Potter/Wetherell 25, 55, 132
Psathas 18

R

Rehbein 60, 80
Reichertz/Schröer 27, 34

Reichertz/Soeffner 154
Ryle 126

S

Sacks et al 24, 58, 88, 93, 102,
  117, 144, 156
Saville-Troike 25, 110, 147
Scheglof/Sacks 94
Schegloff et al 24, 58, 73, 86,
  92, 94, 98, 102, 103, 104, 107,
  111, 128, 131, 132, 154
Schegloff/Sacks 110
Schenkein 18
Schiffrin 18, 110
Schlowinski et al 60, 85, 154
Schmidt 79
Schneider 113
Schwartz 124
Schwittala 26, 58, 82
Schütze 76, 100
Selting et al 60, 62, 86
Silverman 18, 151, 154
Silverman/Gubrium 119
Sinclair/Coulthard 110
Spranz- Fogasy/Deppermann 35
Spranz-Fogasy 25, 72, 112, 113,
  143
Spranz-Fogasy/Fleischmann
  112
Stegmüller 125

Strauss 18, 45, 125, 137
Strauss/Corbin 18, 138, 139

T · U 

ten Have 18

V

vartvik/Quirk 45
Vater 92

W · X 

Wagener/Bausch 45
Whalen 42
Wootton 18, 91

Y · Z

Zimmermann/Pollner 123

지은이 소개

아르눌프 데퍼만(Arnulf Deppermann)

- 1964년생
- 프라이부르크 대학교 심리학 디플롬
- 프라이브르크 대학교 심리학 박사학위
  ("갈등 상황에서의 신뢰의 문제")
- 프라이브르크 대학교 독어학 및 철학 석사학위
- 현 프랑크프르트 대학교 조교수
- 주요 연구분야 : 대화분석의 방법론, 의미론, 논증,
  청소년과 대중매체 그리고 의사소통과의 관계.

역자 소개

박 용 익

- 1962년 고양시 출생
- 단국대학교 독어독문학과 졸업
- 독일 뮌스터 대학교 언어학 박사
  (학위논문:"수업대화에서 질문과 대답의 연속체 원형")
- 전 단국대, 서울대, 연세대, 한양대학교 강사
- 현 연세대학교 학술연구교수
- 주요 연구분야 : 대화분석론, 텍스트언어학, 화용론, 화행론,
  명명원칙, 말하기 교육

회화분석론

인 쇄   2002년 04월 23일
발 행   2002년 04월 30일
지은이   아르눌프 데퍼만(Arnulf Deppermann)
역 자   박 용 익
펴낸이   이 대 현
편 집   이은희·전성호·안영하
펴낸곳   도서출판 역락 / 서울 성동구 성수2가 3동 277-17
          성수아카데미타워 319호(우133-123)
Tel 대표·영업 3409-2058 편집부 3409-2060 FAX 3409-2059
E-mail   yk3888@kornet.net / youkrack@hanmail.net
등 록   1999년 4월 19일 제2-2803호

정가 10.000
ISBN 89-5556-153-9-93750

*잘못된 책은 교환해 드립니다.